# 「男女格差後進国」の衝撃

## 無意識のジェンダー・バイアスを克服する

治部れんげ
Jibu Renge

小学館新書

# はじめに

２０２０年初春から、世界は予想外の事態になりました。新型コロナウイルスの感染拡大を防止するため小中高校が休校になり、保育園や幼稚園も登園を自粛、仕事ではテレワークが推奨され、多くの店舗が自主休業しました。日本では4月に政府が緊急事態宣言を出すと多くの人々は家に留《とど》まり、最低限の買い物と散歩を除いて外出を控えるようになりました。政府による緊急事態宣言が明け、学校や通勤が再開した8月現在、酷暑の中でも外出時はマスクをつけている人がほとんどです。

これに先立つ1月から、カナダであるテレビドラマが大ヒットしました。モントリオールの街を舞台にした『アウトブレイク』。原因不明の呼吸器系感染症が広まる中、住民に広まる不安、生活の変化や医療機関、メディア、政治の対応を描いています。主人公は緊急衛生研究所の所長で、コロナ禍を予想していたかのようなリアルな描写が話題を呼びました。

このドラマは、危機にあって動揺せず科学者として倫理的に正しい判断と行動をするヒロインの姿が印象的です。一方で政治家や医師など高い地位にある男性たちが倫理的な間違いを犯したり、情けないふるまいをしてしまったりする場面も描かれました。

日本では、新型コロナ対策で多くの人が巣ごもりした春から夏にかけて韓国ドラマ『愛の不時着』が大ヒットしています。偶然出会った北朝鮮の将校と韓国の女性起業家の恋愛模様に、北朝鮮で生きる人々の日常生活が興味をそそり、海を越えて日本の芸能人やスポーツ選手、政治家、研究者もその魅力にはまったのです。

38度線を越える禁断の愛というテーマに加え、マッチョなイメージの軍人が意外にも、好きな相手や部下たちを手厚く優しくケアする様子に注目が集まりました。ヒロインは財閥令嬢という設定ですが、親や実家に頼らず独力で起業し上場まで成し遂げた有能な女性でした。

そして、今夏に公開された『映画ドラえもん のび太の新恐竜』では、タイトルどおり、のび太が恐竜を育てる様子が描かれました。勉強もスポーツもダメな男の子、のび太が持つ「優しさ」という良い面に焦点を当てる描写が印象的で、子ども向けアニメでも「ケアワークの価値」が重視されるようになってきたのではないかと思います。

こんな風に、最近ヒットしたドラマや映画は、何かの形で新しい男性像、女性像を描くことが多いようです。これは、従来の「男らしさ」「女らしさ」という型を打ち破る表現やストーリーを求める視聴者の希望に応えたからではないでしょうか。

かつてのように、男性は強くたくましく、多少暴力的であっても許容されるとか、女性は優しく気配りができて、多少無能な方が肯定的に捉えられる、という価値観は古くさく思う人が増えてきたのかもしれません。

性別に基づく「望ましい、らしさ」を決めるのは社会です。そして、社会的に決められた性差を「ジェンダー」といいます。本書では、今、世界に広がる「ジェンダー」に基づく「らしさの決めつけ」や格差を解消するための試みを紹介します。

昭和の時代に生まれ、小学生時代を過ごした私の目には、令和の時代はジェンダー平等を求める人が増えているように見えます。日本でも性別を超えて昔より選択肢は増えています。また、他の国のことを知ると、日本の当たり前を見直し、個人が望む社会を作る参考になります。職場、家庭、地域など、様々な場をジェンダーの視点で見直してみましょう。

「男女格差後進国」の衝撃　目次

第1章

# 日本のジェンダー・ギャップ指数は先進国で最下位

２０１９年12月、驚くべき数字が発表されました。１２１位――。

これはスイスに本部を持つ「世界経済フォーラム」が発表した「ジェンダー・ギャップ指数」の順位です。世界経済フォーラムは「ダボス会議」で知られる民間団体で、政治家、経営者など世界のリーダーに影響力を持っています。２００６年からは、世界各国の男女格差（ジェンダー・ギャップ）を計測して国別ランキングを発表するようになりました。最新の調査で日本は１５３カ国中、１２１位となったのです。先進国では最下位、多くの新興国・途上国より低い順位でした。

ジェンダー・ギャップ指数は、政治・経済・教育・健康の4項目で国内の男女格差を測ります。政治は、国会議員や大臣に占める女性比率、経済は管理職・専門職の女性割合、同種の仕事における男女賃金格差、労働力率の男女差などを見ます。教育については初等・中等・高等教育への進学率や識字率を、健康については出生時の男女比率や健康寿命の男女差を測っています。

各項目を測った結果は０～２の指標で表し、１に近いほど平等、０に近いほど男性優位、1を超えて２に近づくと女性優位になります。日本は健康寿命に関する指標のみ女性が男

表1　**ジェンダー・ギャップ指数ランキング 2020年**

| 順位 | 国名 | スコア |
|---|---|---|
| 1 | アイスランド | 0.877 |
| 2 | ノルウェー | 0.842 |
| 3 | フィンランド | 0.832 |
| 4 | スウェーデン | 0.820 |
| 5 | ニカラグア | 0.804 |
| 6 | ニュージーランド | 0.799 |
| 7 | アイルランド | 0.798 |
| 8 | スペイン | 0.795 |
| 9 | ルワンダ | 0.791 |
| 10 | ドイツ | 0.787 |
| 15 | フランス | 0.781 |
| 19 | カナダ | 0.772 |
| 21 | イギリス | 0.767 |
| 25 | メキシコ | 0.754 |
| 53 | アメリカ | 0.724 |
| 76 | イタリア | 0.707 |
| 81 | ロシア | 0.706 |
| 106 | 中国 | 0.676 |
| 108 | 韓国 | 0.672 |
| 121 | 日本 | 0.652 |

＊153カ国中、上位国と主要国

出典：Global Gender Gap Report 2020

性を上回っており、識学率は男女差がなく、その他は全て男性優位です。

表2で、ランキング1位のアイスランド、そして調査開始の2006年から2020年で順位を大きく上げた（75位→25位）メキシコと日本のデータを比較してみました。

先に書いた通り、153カ国中121位という日本の順位は先進国で最下位です。これは南アフリカ（17位）、メキシコ（25位）、アルゼンチン（30位）といった新興国より低く、日本が政府開発援助（ODA）を供与しているルワンダ（9位）、ナミビア（12位）、ブルンジ（32位）といった国々よりも低い順位でした。なぜでしょうか。

日本政府は2003年に改定されたODA大綱の基本方針で「男女共同参画の視点」を導入し、ODA中期政策（2005年）では「ジェンダーの視点」を定めています。同年3月には「ジェンダーと開発（GAD:Gender and Development）イニシアティブ」を策定・発表しており、ODAのあらゆる段階でジェンダー視点を盛り込むことが重要だとしています。このように途上国向けの開発援助では重要だと認識され、実行していることが国内政策では生かされていない、もしくは目に見える成果につながっていないのは、どうしてでしょうか？

私は、多くの人が「日本は男女格差が大きい」と実感せずに暮らしていることが一番大きな原因だと考えています。目の前にある問題を問題と捉えておらず、現状を変える必要を感じていなければ、変えるための取り組みは、たとえあっても不十分になります。日本はG7の一角を担う先進国です。少子高齢化で労働人口が減少する中、労働生産性を高める必要がありますが、ひとりあたりGDPは約4万ドルと世界全体と比べれば高く、国民皆保険制度があるため多くの人は必要に応じて病院へ行き治療を受けることができます。小中学校9年間の義務教育の普及で、ほぼ全ての人が読み書きできます。格差問題はあり

**表2　日本、アイスランド、メキシコのランキング推移**

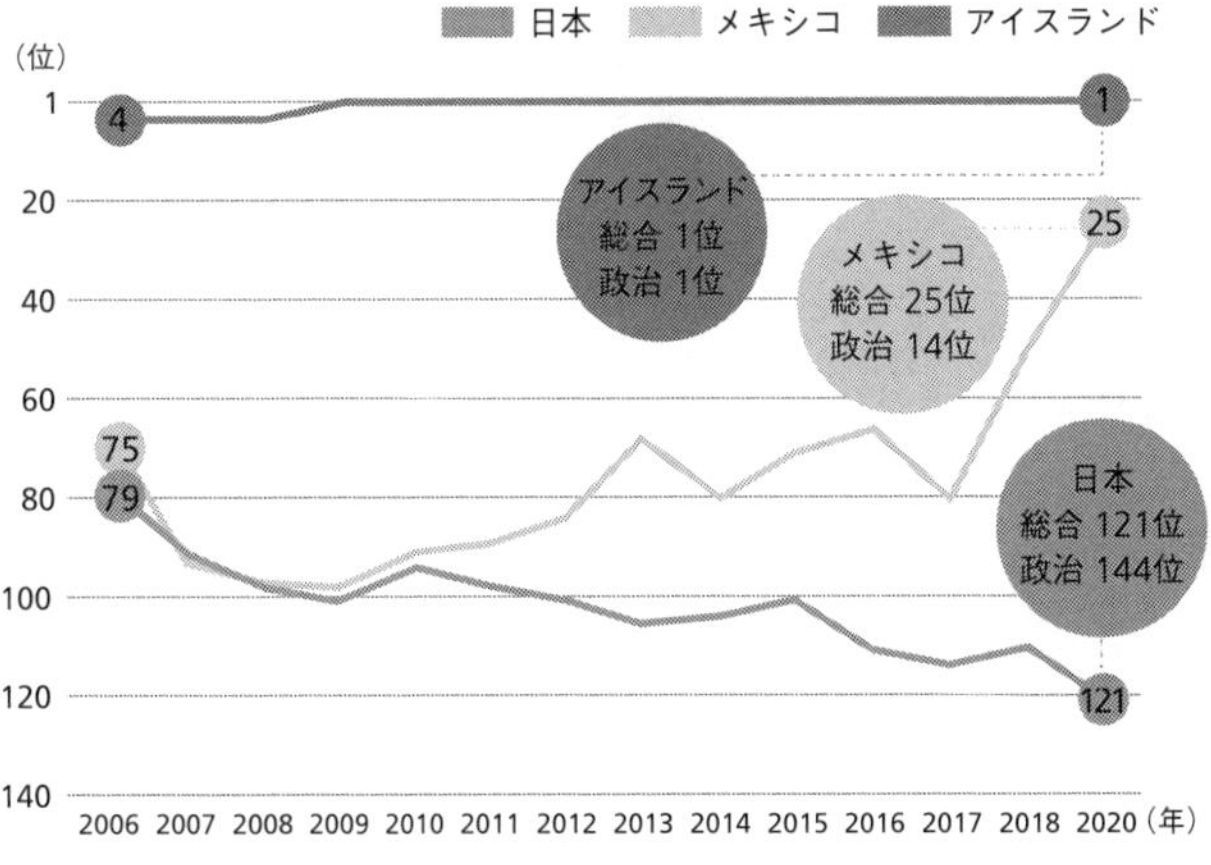


出典：Global Gender Gap Report 2006-2020

ませんが、新興国や途上国のような絶対的貧困を目の当たりにする機会はほとんどありません。電車は定時運行が当たり前で、仕事も生活も予測可能なことが多いと言えます。

「他の国と比べると豊かだし安全だから、今のままでもいいのではないか」

こう考える人が少なくないのでしょう。そして、豊かな日本にある男女格差という問題を指摘すると、次のような声が出てきます。

「女性の政治家や管理職が少ないのは、女性自身が望んでいないからでは？」

「働きたい女性ばかりじゃない。結婚して子どもを産んで、主婦になりたい女性もたくさんいるよね」

「女性がそれを望んだ結果の〝ギャップ〟なら、無理に変える必要はないのでは？」

「日本には独自の文化があるから、海外とは違う」

2年前、名古屋で開かれた講演会でジェンダー平等と国際潮流について話をした際、こんな質問を受けました。

「あの、それで日本の男女ギャップというのは、そんなに大きいのですか？　そんなに問題なのですか？」

私はこの質問を受けるまでに、1時間半、様々なデータや事例を出しながら話をしていました。

「あなたは1時間以上、いったい何を聞いていたのでしょうか？　他のことは理解できるはずの知的水準の大人が、ジェンダーの話になると理解力がおそろしく低くなるところに、日本の課題が表れていますね」

こう言いたい気持ちを抑えて次のように答えました。

「男女平等の度合いが高い国、例えばスウェーデンの人と話をすると『我々は完璧からはほど遠い。まだ男女平等ではない』と言います。

スウェーデンは男性大使が育児休業を取得するくらい男女平等が根付いていますが、それでも、女性のほうが家事や育児をしている量が多い、と言います。目標が『平等』にあるから『他の国よりマシ』と満足せず『平等にはまだ足りない』という発想になります。

日本の問題は、こういう国と比較すると理解できるのではないでしょうか」

「男女平等が当然」という認識から出発すると、今ある格差が1割でも2割でも「まだ平等ではない」と思うでしょう。一方で「男女格差がある現状は自然な状態」というところから出発すれば、4割、5割の格差を1割縮めただけでも「よくやった」と思うはずです。

ジェンダー以外の例で考えると分かります。電車の定時運行が当たり前の日本では、3分の遅れでもお詫《わ》びの車内放送が入ります。30分遅れたら「遅延証明」を発行してもらい、学校や会社に遅刻した理由を説明します。これは「交通機関は時間通りに動くもの」という発想が根底にあるからこそ起きることです。

公共交通が日本のように発達していない新興国では事情が異なります。2020年1月初旬に出張で行ったインドネシアの首都ジャカルタには、鉄道やバスはありますが、駅やバス停がそれほどたくさんないため、自動車やバイクで移動していました。訪問先のオフィスビルがそこまで見えていても、渋滞にはまってしまい、到着が20分、30分遅れるのは当たり前でした。こういう環境では時間通りに物事が進んだら「すごく幸運だった」と思うでしょう。

このように私たちが何を「当たり前」と思って暮らしているか次第で、問題や格差は見えたり見えなかったりするのです。ここには認識バイアスの問題があります。ちなみにインドネシアは直近のジェンダー・ギャップ指数が85位で、日本より高順位でした。


それでは、少し掘り下げて日本の男女格差について考えていきましょう。

最初に、私自身の立ち位置を明らかにしておきたいと思います。というのも、ジェンダー問題については、生育環境や受けた教育、就労や家族の状況によって、考え方が異なってくるためです。同じ女性で同世代でも私とは違う考えの人もいます。

私は今、小学生の子どもふたりを育てながら働いています。出産時は出版社の会社員でした。正社員で記者・編集者の仕事をしていたので、賃金は会社で同じ仕事をしている男性と変わりません。ひとり目の時は半年、ふたり目の時は7カ月、産休と育休を取って会社に復帰しました。

子どもふたりはいずれも0歳の時から保育園を利用しており、共働き子育ては12年目に入りました。２０１４年から独立自営で働いていて、執筆や講演、企業向けに助言の仕事をしています。平日昼間に家で子どもを迎えて宿題を見たりおやつを出したりすることが多いのですが、休日や夜間に講演や出張で家を空けることもあります。核家族で祖父母は近くに住んでおらず、家事育児は夫婦で分担しています。

今、私自身が女性差別を実感することは、ほぼありません。ただし、大学を卒業した23年前は、就職活動の時、企業人事から「女性は事務職です。男性は営業か企画です」と言われることもありました。私と同じ大学の男子学生が大手都市銀行から次々に内定をもらう傍ら、同業種を志望する同じ大学の女子学生は、そもそも採用枠がなかったりするのを目の当たりにしてきました。私は金融を志望していなかったものの、能力に差がない男女学生の就職格差を見て日本社会にある性差別を実感したものです。

こうした経験から、同じ能力・学歴でも仕事に就く時点で男女格差が生じていると思っています。

一方で、私自身は幸運にも、当時としては珍しい性差別のない職場で働くことができました。今でも覚えているのは、新入社員の時、来客にお茶をいれたら先輩から注意を受けたことです。

「お茶もいいけど、君の仕事は頭を使うことだから、それを忘れないでね。頭を使って面白い企画を考えて、記事を書くのが君のメインの仕事だからね。そのために僕たちは普通より高いお給料をもらっているんだよ」

これは私より4歳上の男性の先輩の言葉で、今も折に触れて思い出します。実際、私たち記者の初任給は一般的な事業会社の大卒初任給より月額6万円ほど高かったのです。裁量労働制の職種だったため、一定額を「みなし残業代」という名目で受け取りました。勤務時間や服装など自由度の高い仕事であった一方、成果を問われる仕事でもあり、〆切時期は何時に帰宅できるか分かりませんでした。自分の担当する仕事が終わらなければ深夜まで働きましたし、徹夜も当然でした。「深夜勤務手当」もありました。

実は私は新人時代、仕事の要領が悪く、自分なりに一生懸命やってはいたものの「いつかクビになる」とびくびくしていました。正社員でしたから、そう簡単にクビにはならないと知らなかったこと、自分のスキルには全く自信がなかったことが理由です。そんな私が20年以上も働き続けてきたのですから、先輩・上司の指導や家事育児を当たり前にやる配偶者といった、環境要因は大切だと思います。
こうした経験から、私は日本の男女格差について、次のように考えています。

1. 本人の努力以外で決まってしまう男女格差が今の社会には、ある
2. 男女格差の実状は、世代や地域によって異なる
3. 都市部より地方、10代、20代より40代以上の人が男女格差を経験している
4. 男女格差は個人の尊厳を損なう人権問題であると同時に、日本の経済成長を阻害する要因でもある
5. ただし、個々の男性が「悪者」なわけではない
6. 男女格差を生み出す「ジェンダーに基づく偏見」は男性にとっても有害
7. これは、男女が協力して取り組むべき課題である
8. 仕事や家族形成については、個人の意思決定を尊重すべきで、独身、カップルだけの世帯、専業主婦／主夫家庭、共働き子育て等、何を選ぶかは当事者が決めれば良い

本書では、こうした価値観に沿って男女格差や男女平等の問題を考えていきます。

## 日本は経済と政治に女性リーダーが少なすぎる

話を世界経済フォーラムのジェンダー・ギャップ指数に戻します。

日本に関して言えば、経済分野については、政府が推進する女性活躍政策の影響で女性管理職などが増えたこともあり、スコア自体は２００６年の０・５４５から２０２０年には０・５９８へと改善しました。ところが、順位は83位から１１５位まで落ちてしまいました。

ここには相対評価の特徴が表れています。日本以上に他の国々が女性活躍推進に力を入れ、役員や管理職への女性登用に取り組んだ結果、日本の努力がランキングには表れなかった、というわけです。

健康分野では、調査開始時点から高順位を保っています。これは妊産婦死亡が珍しく、女性の寿命が長いためです。最新版では40位でしたが、同スコア（０・９８０）の１位が39カ国もあり、日本のスコアは０・９７９でしたから、この分野については既にできることを相当やっている状態と言えるでしょう。

教育分野は91位でした。具体的な評価指標を見ると、識字率は男女共に99％と高く、ジェンダー格差がないため1位、初等教育の在籍状況も1位となっています。中等教育在籍者に占める女性割合は48・8％で、男女差はかなり小さいものの、この指標については128位とずいぶん低い順位となっています。これは、中高等教育在籍者は女性の方が多い国があるため、平等に近いというだけでは、高い順位にならないことが影響しています。

日本の総合順位が低い最大の理由は、政治分野で女性の進出が遅れていることです。特に国会議員に占める女性比率が10％程度で調査時に女性大臣がひとりしかいなかったため、政治分野だけを見ると日本は144位と非常に低い順位です。

もしかしたら日本の大人にとって、大臣に女性がひとりしかいないような状況は「当たり前」かもしれません。女性政治家が少ないことを残念に思いつつ、どこか諦めていたのは私も同じです。今、住んでいる街の市会議員は3割以上が女性ですが、国会になると本当に少ないですし、大臣に至っては、ひとりかふたりいたら御の字という感覚でした。

私の考えが変わったのは、娘の一言がきっかけでした。

ある時、大臣たちが並んだ写真を見た当時小学1年生だった娘が「こんなのはイヤだ」と言いました。国会議員に占める女性割合を示すランキングで日本の順位が低いことを知って「どうして?」と言うので、見せた写真でした。小学校では性別で分け隔てのない教育を受けていますし、家庭でも3歳上の兄と同じように接しているため、違和感を覚えたのでしょう。

私は、自分の娘や息子を含めた子どもたちや若い人たちが、未来に希望を持てるような社会にしたいと思っています。そのためにも、特定の仕事について「男性でないとできない」とか「女性の方が向いている」という印象を

初閣議を終え、記念撮影に臨む第4次安倍改造内閣の閣僚ら。女性は片山さつき内閣府特命担当大臣(地方創生、規制改革、男女共同参画)女性活躍担当、まち・ひと・しごと創生担当。2018年10月2日、首相官邸(画像提供:時事)

若い世代に与えたくありません。だから男女格差の問題は、自分自身がどう扱われるかというより、次世代に引き継ぐ社会が公平にチャンスのあるものになっているかどうか、という問題だと考えています。

ジェンダー・ギャップ指数の調査が始まった2006年と比べて順位が大きく上がった国にメキシコがあります。2006年には75位でしたが、2020年には25位になりました。そして、順位上昇の大きな要因は政治分野だったのです。メキシコは2006年、政治分野のスコアが45位でしたが2020年には14位に上がっています。メキシコは国会議員に占める女性比率が48・2％で世界ランキング4位、閣僚に占める女性割合は42・1％で15位でした。

一方、経済分野は124位、教育分野は54位、健康分野は46位と、さほど高いとは言えません。それでも政治分野を改善したことで、全体ランキングがぐっと上がっているのです。

## 経済分野で日本の男女格差が大きい理由

ところで、経済分野のジェンダー・ギャップ指数が低いことについて、不思議に思う方もいるのではないでしょうか。「日本は近年、女性活躍に熱心だ。自分が働いている企業でも女性管理職を増やそうとしている。女性が優遇されているようにも見えるのに、なぜ、こんなに順位が低いのか」という疑問がわくかもしれません。

「なぜ」を知るためには、グローバル・ジェンダー・ギャップ指数の経済分野をいかにして測っているのか、知る必要があります。算出の根拠は、5つあります。①女性の労働参加率、②類似職業の男女賃金格差、③全体の男女賃金格差、④管理職に占める女性比率、⑤総合職・専門職に占める女性比率です。日本で聞き慣れた表現を使うなら、まさに「女性活躍」の度合いを測ったのがグローバル・ジェンダー・ギャップ指数の経済分野と言えるでしょう。

日本政府は「女性の活躍」を成長戦略のひとつと位置付けています。2015年8月には女性活躍推進法が成立し、301人以上が働く職場の雇用主は、自発的に管理職女性比率の実状を把握し、増やすための計画を都道府県の労働局に提出することになりました。対象は２０１９年に１０１人以上が働く職場へと拡大しています。

法律の施行を機に女性の管理職を育成するための研修やダイバーシティ推進のセミナーが至るところで開かれています。

中でも大規模なものが、２０１４年から開かれている日本政府主催の国際女性会議（WAW!《ワウ》）です。世界各国から政府部門、民間部門の要人を招き、様々なテーマで「女性の活躍」について議論する場で、私は２０１５年からWAW!国内アドバイザーとして、首相官邸で開かれる会合に出席し、会議で扱うべきテーマや登壇者の人選について意見を述べると共に、会議当日は登壇者またはモデレーターとして参加してきました。日本の首相夫妻や大臣、副大臣も会議の様子を視察し発言しています。

このような男女平等を目指す日本の努力は海外からも評価されています。南米や欧州で日本政府の取り組みを話すと、男女を問わず政治家や行政官、NGO関係者から関心を持たれ、たくさんの質問を受けます。

政府も一生懸命にやっているのに、なぜランキングが上がらないのでしょうか？　ここで再び確認しておきたいのは「ランキング」が相対評価だということです。つまり、日本が女性活躍政策に力を入れている事実はあるものの、他国は日本以上に女性活躍を推進し、成果を出しているのです。

企業間の競争に例えれば分かりやすいでしょう。企業Aは懸命に研究開発を重ね、新しい高機能製品の試作品を完成させました。これで、A社が市場占有率トップに躍り出るはず…と期待していたら、競合のB社もC社も同種の高機能製品を開発していました。しかも、B社は既に試作段階を終え、早々に製品出荷を始めており、C社に至っては販売まで着手していたとしたら…。

その期の業績は明らかでしょう。B社やC社には新製品の売り上げが立ち、A社は試作品が手元にあるのみで、売り上げはゼロ。どれほど頑張っても、ライバルがより早く結果を出していたら、負けてしまうのが市場競争です。グローバル・ジェンダー・ギャップ指数ランキングについても同じことがいえます。

## ＡＰＥＣ加盟国・地域はどのように女性リーダーを増やしたのか

それでは、日本以外の国や地域は、いかなる取り組みにより、どのくらい女性リーダーが増えているのでしょうか。

３年前に公表された国際調査を見てみます。シンクタンク型ＮＰＯ・Gender Action Platform（GAP）が日本政府ＡＰＥＣ室の委託を受けて行った、ＡＰＥＣ加盟国・地域における女性リーダーに関する調査（正式名称"Individual Action Plan for the Enhancement of the Ratio of Women's Representation in Leadership: Midterm Review Study and Public-Private Dialogue"）です。

ＡＰＥＣは日本を含む21の国・地域を含む広域の経済協力の枠組みです。調査結果の概要は２０１７年９月末、ベトナム・フエで開かれたＡＰＥＣ女性と経済フォーラムでＧＡＰ代表の目黒依子さんが発表しました。目黒さんは社会学者で上智大学名誉教授、国連女性の地位委員会の日本代表を約10年にわたり務めています。目黒さんと共に、ＧＡＰ理事で関西学院大学客員教授の大崎麻子さんがこの調査に携わりました。

ＧＡＰの調べによれば、２０１５〜２０１７年の３年間で、ＡＰＥＣ加盟国・地域の55

%で女性リーダーが増えています。特に変化が大きかったのは、カナダの＋7・6%、韓国の＋4・8%、フィリピンの＋3・1%でした。

APEC加盟国・地域全体を見ると管理職女性比率が3割以上の雇用主が全体の4割、2〜3割の雇用主が25%となっています。各国・地域で見ていくと、女性管理職比率が3割を超えている雇用主が8割以上のニュージーランド、7割台の香港やオーストラリアが目立ちます。

ニュージーランドでは、ジャシンダ・アーダーン首相が2018年に世界で初めて首相在任中に出産休暇を取得したことが日本でも

ニュージーランド首相のジャシンダ・アーダーン（左）が2018年6月24日、パートナーのクラーク・ゲイフォードと出産後に会見。（画像提供：EPA＝時事）

大きく報じられました。この調査データからも高い水準で女性活躍が進んでいることが裏付けられました。

また、特定の国と業種で女性リーダーが増えていることも明らかになりました。例えば、２０１５年と２０１７年の女性比率を比べると、カナダの閣僚では30％から50％に、インドネシアのＣＥＯ（最高経営責任者）は５％から30％に、ペルーの高等裁判所裁判官は９％から27・１％に、ロシアの上院議員は８・４％から17・１％に、韓国の学校長と副校長は29％から37％に増えています。

ＧＡＰの調査結果から分かるのは、政府や経済界が女性活躍を最優先課題として本気で取り組むことで、わずか３年間で女性リーダーを増やすことができる、という事実です。

それでは具体的に、何をしているのでしょうか。

ニュージーランドでは証券取引所が主導して、女性リーダーを増やすための取り組みを行っています。同取引所は２０１５年に上場企業に対し、ダイバーシティ上場規制（diversity listing rule）を提示しました。これは、企業の年次報告書に、幹部職の男女構成を直近値と比較した形で記載することを義務付け、ダイバーシティ・ポリシーの採択と実施を奨励す

表3 **各国の女性リーダーの割合の変化**

（2015年と2017年比較。分野は異なる）

カナダ　閣僚

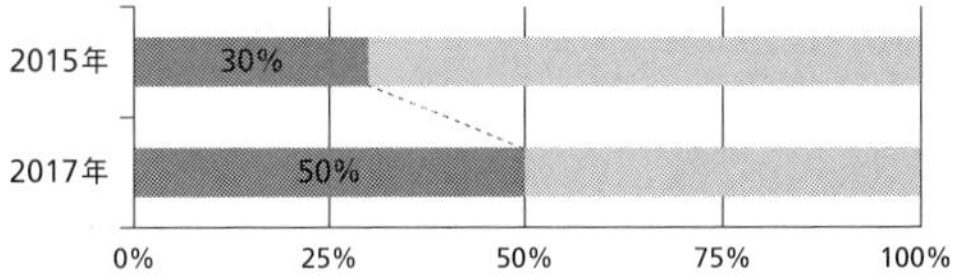


インドネシア　最高経営責任者

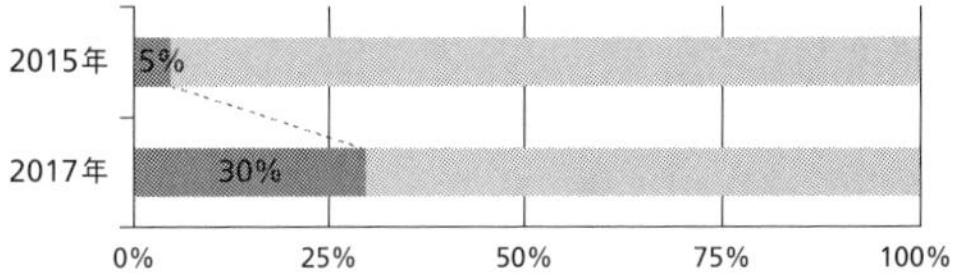


ペルー　高等裁判所裁判官

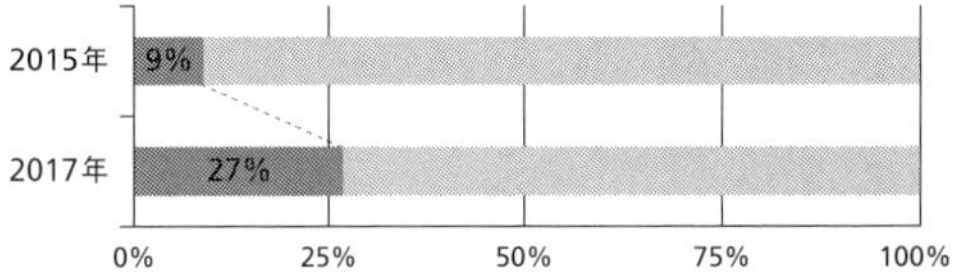


ロシア　上院議員

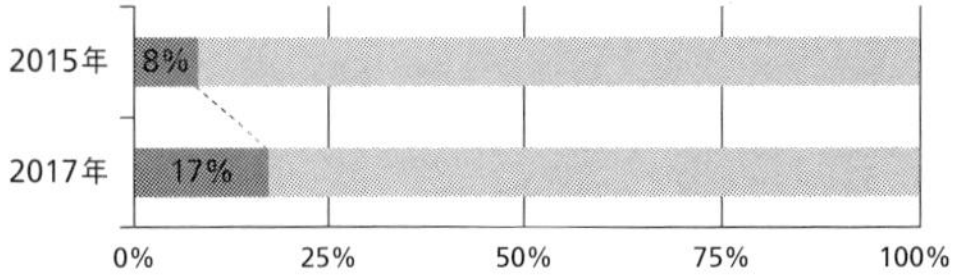


韓国　学校長および副校長

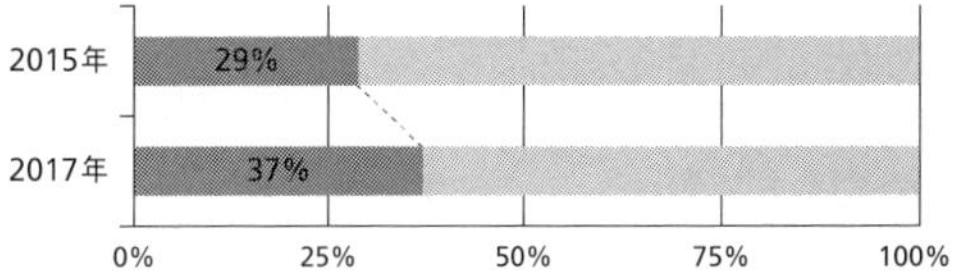


APEC Policy Partnership on Women and the Economy"Individual Action Plan for the Enhancement of the Ratio of Women's Representation in Leadership : Midterm Review Study and Public-Private Dialogue" (October 2017) より著者作成

るものです。

これは「遵守せよ、さもなくば説明せよ（comply or explain）」というアプローチを取っています。企業は説明の手間を省きたいので、報告の義務付けと類似の効果が期待できます。

また、カナダで女性団体などにヒアリングをしたＧＡＰの大崎さんによれば、多くが“We are ready”と語っていたといいます。これは、女性が活躍できる基盤が整っていたことを意味します。閣僚の半分を女性にするというトルドー首相の意思決定は、女性リーダーを育成し、大臣候補になりうる人がたくさんいたからこそ、現実になった、ということです。調査当時、カナダでは、２０１４〜２０１９年の5年間で取締役の女性割合を30％にすることを目標にしていたそうで、長期目標は50％だそうです。

台湾では、金融監督管理委員会が女性活躍を主導しています。同委員会は、台湾証券取引所とグレタイ証券市場が、上場企業の社会的責任について定めた「企業統治のベスト・プラクティス原則」にジェンダー・バランスを含めることを義務付けました。上場企業に対し、コーポレート・ガバナンス評価やコーポレート・ガバナンス指標といったメカニズムを通じて取締役会のダイバーシティを促進することを奨励しています。また、２０１７

年には労働組合のディレクター／スーパーバイザーの女性割合を3分の1にするという目標を掲げています。

これらの国・地域は「女性リーダーを増やす」際、「役員」に着目しているのが特徴です。中間管理職を増やすだけでは不十分であり、意思決定層を多様化するのがグローバルな潮流と言えます。

海外で女性活躍が進んでいる国・地域を見ると、ビジネス界においては、トップリーダー層の女性を3割または5割にすることを目標として掲げています。

一方で日本は管理職の比率を3割にすることを2020年までの目標にしながら、それを達成できませんでした。欧米のみならずアジア各国の取り組みを真剣に学び、何が阻害要因になったのか考えなくては世界潮流から置いていかれるでしょう。

## 評価の基準には課題もある

グローバル・ジェンダー・ギャップ指数の話に戻りましょう。こちらの課題にも触れておきます。ランキング作成のためには、統一された基準で対象国を測る必要があります。

その結果、大事な要素が測られないことがあります。

海外の事情を知る人が上位国つまり男女格差の小さい国を見ると、ふたつの特徴があることに気づくでしょう。ひとつは北欧諸国です。これらの国々は「大きな政府」路線で、人々は高い税金を払っています。そして育児、介護といった伝統的に女性が担ってきた無償ケア労働を公共サービスとして提供しています。公的部門でケア労働に携わるのは女性が多いことも分かっています。つまり、かつて「お母さん」が担ってきた家庭内の仕事を、税金を払って「よその家のお母さんやお姉さん」に任せているわけです。これにより、女性の社会進出度合いは上がります。

もうひとつの特徴は新興国や途上国です。これらの国々で大卒キャリア女性と話をすると、無償ケア労働を同じ国の女性に外注していることに気づきます。数年前に来日したルワンダの10代女性にインタビューをしたところ、彼女たちは自分より社会経済階層の高い女性の家に住み込みをして家事労働に携わりつつ、学校に通っていました。貧富の格差が大きく、所得再分配が不十分な途上国では、国内の女性間で階級差が大きいのです。

そのため、高学歴女性は、家事育児介護などのサービスを国内の地方出身女性や貧困層から安く買うことが可能です。その結果、一部の女性は結婚や出産後も無償ケア労働の負担をあまり感じず男性並みに働き、キャリアアップが可能となります。

国内の男女格差を測る場合、大卒女性でも自分で家事育児をすることが多い日本と、大卒女性がケア労働を安く外注している途上国では、後者の方が男女格差は小さく見えるのです。これが目指すべき姿かというと、私はそうは思えないのです。

今、日本は男女格差が大きすぎるため、こうした問題提起をしても「負け犬の遠吠《とおぼ》え」に見えてしまうでしょう。まずは可能な限りの努力をして、ジェンダー・ギャップ指数の順位を、これから5年程度で50位くらいまで上げた後、計測方法をより公平なものに変えることを提案していくべきだと思います。

## もし、あなたが決定できるなら

先進国として恥ずかしくない水準まで男女格差を縮めたい、と思うのであれば、政治・経済分野の女性リーダーを増やすことが最優先課題です。本書を読んでいる方が、部下や後輩に仕事を教える時、男女問わず能力を見たり、女性が少ない分野なら、意図的に女性候補者を探したり、といった行動を取れば、現実を変えることができます。

ひとつ、例を挙げましょう。私は2019年4月から、朝日新聞の論壇委員を務めています。委員長はジャーナリストの津田大介さん。彼は委員長就任にあたり「委員を男女半々にすること」を条件にしました。

その結果、6名の委員は科学コミュニケーションが専門の内田麻理香さん、国際政治学者の三牧聖子さん、そしてジェンダーと社会を私が担当し、憲法学者の曽我部真裕さん、経済学者の安田洋祐さん、国際政治学者の宮城大蔵さんという男女3人ずつの構成になりました。

新型コロナウイルスの感染防止のため、2020年4月以降はオンライン会議に切り替わりましたが、毎月1回、毎回4時間以上会議をしています。会議の2日前までに各担当分野で重要と思われる論考10本をピックアップしたメモを提出します。それは、1カ月のうちに雑誌、新聞、ウェブメディア等に掲載された論考から選びます。2019年4月は、上野千鶴子さんの東大入学式祝辞を受けて、ジェンダー関連の論考を多く持ち寄ることになりました。

その後も、国内外の課題や時事的な話題を踏まえて重点テーマを意識しつつ論考を選び、会議で議論し、委員長の津田さんはそれを元に論壇時評を書き、委員たちは持ち回りで半年に1回、時事評論を書いています。

委員任期は2年間で、ちょうど1年終わった今（2020年3月）感じるのは、異分野の専門家が本音で話せる貴重な空間だということです。私はこの会議で、分かったつもりになっていた話題について、自分の理解が不足していると気づくことがありました。また、様々な分野（科学や国際政治、防災、人権、経済等）で自分が学ぶべき課題がたくさんあることも知りました。40代も半ばを過ぎ、色んなことが分かった気になり、ともすれば傲慢になりがちな今の自分にとって、本当に良い勉強の場をいただいたと思っています。

このように、人の意見、異なる意見を真剣に聞く専門家が集まったからこそ生まれる質の高い言論空間に身を置いてみると、ジェンダー・バランスの重要性をあらためて感じます。また、男性委員の発言や提案から、自分が気づかなかったジェンダー視点に気づくことができています。

もし、みなさんの中に、チーム編成や委員会の構成員を決める権限を持っている人がいらしたら、男女半々にしてみて下さい。女性が発言しやすくなるだけでなく、男性も、これまでと違う切り口の発言をしやすくなると思います。

# 第2章

# G20で世界のリーダーが重視する「ジェンダー平等」

## G20首脳宣言で重要性が再確認された「ジェンダー平等」

２０１９年６月末、大阪でＧ20首脳サミットが開かれました。ここで20カ国・地域のトップが合意した「Ｇ20大阪首脳宣言」に、ジェンダー平等について詳しく書かれていたことを、ご存知でしょうか。

Ｇ20大阪首脳宣言は43段落から構成された文書で、22〜23段落は「女性のエンパワーメント（女性が潜在的に持つ能力を発揮できるようにすること）」について、包括的に記しています。インターネットで読める外務省の仮訳を見ると、日本語で１１５０文字（原文は英語で４４６ワード分）、Ａ４でほぼ1ページが費やされています。

例えば、22段落の冒頭には次のようなことが書かれています。

「ジェンダー平等と女性のエンパワーメントは、持続可能で包摂的な経済成長に不可欠である。我々は、我々の政策のあらゆる側面において、かつ今後のサミットにおける横断的な課題として、これらの重要性を再確認する。」

つまりジェンダー平等は、世界のリーダーが経済成長のために必要と認めた価値なのです。もともと男女平等は、女性の人権尊重に関する議論でした。人権の重要性は変わりませんが、経済的な観点が加わったことで、意義が強くなっています。では、いかにして、そのような国際潮流が生まれたのか。まずはG20発足の経緯から振り返ってみましょう。

G20は先進7カ国（G7：アメリカ、イギリス、ドイツ、フランス、イタリア、カナダ、日本）にロシア、中国、韓国、インド、インドネシア、オーストラリア、メキシコ、ブラジル、アルゼンチン、サウジアラビア、トルコ、南アフリカ、欧州連合を加えた20の国と地域で構成された、世界の金融・経済システム安定や持続可能な成長を目指す国際的な枠組みです。1999年ケルン・サミットのG7財務大臣会議で設置が決まっています。その後、2008年の金融危機を経て「G20首脳サミット」に格上げされて現在に至ります。

G20の参加国・地域は世界経済の85％、人口の66％を占めており、世界的な合意形成や各国の政策にも、大きな影響力を持っています。

加盟国・地域が持ち回りで議長国を務めており、2008年はワシントンD.C.（米国）、

2009年はロンドン（英国）とピッツバーグ（米国）、2010年はトロント（カナダ）とソウル（韓国）で開催され、その後もカンヌ（フランス、2011年）、ロスカボス（メキシコ、2012年）、サンクトペテルブルク（ロシア、2013年）と議長国・開催地を移しながら毎年開催されてきました。日本は2019年にG20の議長国を務め、首脳会合が大阪で開かれた他、同年5月〜11月にかけて農業大臣・財務大臣・中央銀行総裁や、外務大臣・観光大臣・労働雇用大臣・保健大臣などがそれぞれ会合を持ちました。

経済や金融を主課題として論じる国際会議で「ジェンダー平等」が重視されるのは、なぜでしょうか。

先に記したように、G20首脳サミットは2008年のリーマン・ショック後、不安定になった世界の金融・経済システムを再び安定させることを目的に作られた枠組みです。初期は危機対応に集中していた首脳宣言は、世界経済が落ち着きを取り戻してきた2012年以降になると、未来に向けた持続可能な経済成長に関する言及が増え、「女性」や「ジェンダー」に関する記述が入るようになりました。

中でも重要なのは2014年の「ブリスベン合意」です。これはオーストラリアが議長国となったＧ20で作られたもので、首脳宣言の第９段落には「我々の国々における男女間の労働力率の格差を２０２５年までに25％減少させる」という記述があります。

Ｇ20は西欧先進国のみならず、ロシア、トルコ、インドネシア、サウジアラビア、ブラジルといった新興国も加盟しています。法制度や労働市場、そして女性の社会的役割に対する規範が異なる国々も含め、20カ国・地域の首脳が受け入れられる最大公約数の数値目標が男女の労働力率ギャップの25％縮小だったのです。

その後もＧ20は毎年、議長国の意向を反映しつつ、ジェンダー平等の推進を盛り込んだ首脳宣言を出し続けてきました。例えば２０１５年のアンタルヤ（トルコ）における首脳宣言は「農村に住む女性」の支援に関する記述があります。

その背景には、新興国特有の事情があります。国全体で見た経済成長率が高く、都市化が急速に進む中、所得再分配や社会保障が未整備な新興国では、地域間格差が大きいのです。高等教育を受けた人が多く国際基準で物事が動く都市部と、中等教育も受けていない人が多い農村・漁村や山間部、離島では、社会経済環境が全く異なり、同じ国の女性といっても求めていることがまるで違います。

新興国の都市部に住む女性は留学経験者も多く、英語が堪能で、他国の女性リーダーと対等に議論します。彼女たちが生きているのはグローバルな世界。一方、後者は医療機関にかかるのも難しかったり、銀行口座すら持っていなかったり、そもそも現金収入がほとんどなかったりします。様々な困難を抱えていても、女性の生き方はそういうもの、という社会規範に縛られ、問題を認識すらしていないことも多いのです。このような地域間の格差は日本にもありますから、第4章で扱います。

いずれにしても、G20では「持続可能な経済成長」のために、ジェンダー平等の重要性を強調していることに意義があります。

## 大阪宣言はブエノスアイレスを超えた

2019年のG20大阪サミットに際し、女性政策に関わる人々が関心を持っていたのは、「大阪の首脳宣言がブエノスアイレスを超えるか」でした。

なぜなら、前年の2018年、アルゼンチンの首都ブエノスアイレスで開かれたG20首脳宣言には2段落目に「ジェンダーを主流化する戦略」という言及があったからです。記述の位置と表現から、他にもある諸問題のひとつではなく、男女格差問題の解消を上位概念として扱おうとする姿勢が伝わってきました。

もともと世界経済や金融システム安定のために発足したG20で「ジェンダー」が「戦略」的な観点から重要であると冒頭近くで触れられたことは、画期的でした。ジェンダー視点は女性に対する「情け」ではなく、全ての人に対して必要であると、主要国・新興国のリーダーが発信しているからです。

もはやジェンダー問題は女性だけの課題ではなく、男性リーダーにとっても優先課題になりました。この流れを日本がさらに進めるのか、変化はないのか、もしくは後退させてしまうのか。2018年末から2019年始め頃、関係者はそんな思いを共有していました。

結論を先取りすれば、G20大阪首脳宣言は、ジェンダー視点では期待を上回って余りあるものになりました。例えば、先に述べた男女の労働力率格差の解消を目指した「ブリスベン合意」については、各国の進捗を確認することになりました。

また、「無償ケア労働」、つまり、家事・育児・介護の男女格差にも取り組む、としています。家族のための「ケア」労働にかかる時間が長いことで、女性が外で働くことが難しくなり、たとえ働けても短時間に留《とど》まり、経済的な自立が難しいことが背景にあります。統計を見ると、男女平等に近い国であっても、女性の方が男性より多くの時間を無償ケア労働に割いています。家事育児などを「家庭内の小さな問題」と矮小化《わいしょうか》せず、首脳宣言に盛り込んだ成果は高く評価できます。

また、G20大阪首脳宣言は、男女間の教育格差、賃金格差、デジタル・リテラシーの格差是正にも取り組む、としています。G20加盟国・地域のみならず、アフリカなど開発途上国の女性に対する起業支援についても言及しました。

デジタルを含めた女性に対するあらゆる暴力、虐待、ハラスメントを根絶するための措置を講ずる、という記述もあります。これらは女性の人権を守るための重要な課題です。G20が目指すのは持続可能な経済成長であり、そのためには女性の力を生かす必要がある。

そして、女性の力を生かすためには、そもそも女性が人間として尊重され、尊厳を奪われないことが大切である、という論理の流れが見えてきます。

このように、かつては女性解放運動の獲得目標であったようなことまでも、男性が多くを占める世界のリーダーたちも公式に認めるようになったのが国際潮流の現在地なのです。

ただし、ジェンダーを巡る諸課題の全てがカバーされたわけではありません。例えば性的少数者に関する人権擁護は、加盟国・地域の理解が一様ではなく、社会規範や宗教により違いもあり、最新のG20首脳宣言にも入っていません。

世界には同性婚を認め、異性婚と同じ法的保護を与える国や地域も増えています。また、日本国内でも法律婚ではありませんが、自治体が同性カップルを「パートナー」として認め、異性の事実婚カップルと同等の支援を提供する例もあります。そうした中、性的少数者の権利拡充は、G20でも今後の課題になるでしょう。

今、ジェンダー格差の問題に関心をお持ちの方は、それが自分自身にとって、より生きやすい社会につながり、経済発展にも資すると知っていただけたらと思います。

## 複雑な多国間協議を経てまとめた提案書

G20大阪首脳宣言は、女性に関する記述が厚くなっていました。これは国際潮流を反映したものであると同時に、日本が得意とする官民連携の産物でもあります。G20には公式のエンゲージメントグループがあり、専門的知見を生かしてG20に政策提言をしています。例えば労働組合によるL（Labour）20、科学者によるS（Science）20、経営者によるB（Business）20などと並んで、女性によるW（Women）20というグループがあります。

W20は2015年のG20イスタンブール（トルコ）・サミットから発足しました。前年、2014年のG20ブリスベン・サミットで各国首脳が合意した「2025年までに男女労働力率格差を25％縮小」という目標の達成がミッションです。

2015年以降は毎年、G20議長国の女性たちで構成されるW20運営委員会が中心となり、加盟20カ国・地域から選出される代表者の合意に基づき「W20コミュニケ（提案書）」を作成しています。コミュニケには、女性と仕事、女性のエンパワーメントについて、G20首脳への要望が記されます。

2019年は日本がG20議長国だったため、W20日本運営委員会が作られ、ビジネス、大学、市民社会などから、2名の共同代表を含む14名の委員と1名の事務局長、2名の特別顧問で構成されるチームができました。私も委員のひとりとして、コミュニケの策定や国内外のメディア向け発信、政府との連携に関わりました。委員全員が他に本業を持ちながら、ボランティアとして、この業務にあたったのです。

G20に対する提案書をまとめるに際し、W20日本運営委員会では4つの柱を決めました。それは、①労働、②デジタル、③金融、④ガバナンスです。最初の3点は、これまでの流れを踏まえたものです。W20の発足が男女の労働参加ギャップ解消を目指しているため、労働という柱は必ず入ってきます。
②のデジタルという柱では、インターネットの発達を踏まえた「仕事の未来」がもたらす男女格差も重要視されました。細分化された業務を個人が単発で請け負う「ギグエコノミー」の拡大につれて、「仕事」を得ることができても、生活に必要な金額を稼げない人も増えるからです。例えば、配車アプリUberから発展した食事配送サービス「ウーバーイーツ」は、時給換算すると都道府県が定める最低賃金を下回る、といった問題も指摘されています。ギグエコノミーは多くの人に新しい収入をもたらした一方で、自活できない仕事を大量に生み出した面もあるのです。
こうした問題に加えて、国際機関は、男女のデジタル・リテラシー格差について指摘してきました。例えばOECDは2018年に発行した報告書で、G20の合意に基づく政策

に沿って、デジタル分野のジェンダー格差を縮小するための調査を行いました。その調査は「G20の政策全般においてジェンダー主流化を進めるアルゼンチンのアプローチ」を支援するものである、としています。

③の金融については、日本と他の国で課題意識が異なるかもしれません。世界の人口77億人（国際連合広報センター・2019年）のうち、銀行口座を持たない大人が17億人もいます（World Bank, 2018）。そのうち3分の2は携帯電話を保有しているため、金融サービスを使っている可能性もあり、男性のほうが女性より銀行口座を持っている傾向にあります。

また、日本と異なり安定した規模の大きい雇用主に乏しい新興国では、収入を得るための現実的な方策として起業を選ぶ女性が少なくありません。

また、事業を興したり、拡大したりする際は金融機関から資金調達する必要がありますが、統計を見ると女性起業家は男性起業家より資金調達が難しい事実があります。例えばTech Crunch Japanの記事によれば、2018年に米国起業家がベンチャーキャピタルから供給された資金のうち、女性起業家に向けられたものはわずか2・2%でした。そして日本でも女性起業家の支援・育成は大きな課題です。

④の「ガバナンス」は日本独自です。これまで4回行われたW20会合を踏まえ、提案がどの程度、実施されたのか、G20の合意がいかに守られているのか、進捗状況を確認する旨を盛り込んでいます。

私たちW20日本運営委員会は、委員の中からコミュニケのチームを作り各柱にひとり、担当を決めました。

最終的にW20日本のコミュニケは7項目、A4で2ページにまとめられ、2019年3月23日に安倍晋三首相（当時）に手渡されました。そこに至るまでに、G20加盟各国・地域のW20デレゲーツ（代表参加者）と、数十回に及ぶウェブ会議を開いています。4つの柱それぞれの取りまとめ役が呼びかけ、議事進行役となり、同じ議題について時差を鑑みて2回以上、議論しました。

私は経済記者出身であるため、コミュニケの金融分野取りまとめを担当し、10回以上、ウェブ会議を開き司会進行しました。例えばアルゼンチンの代表からは、農村女性に対する配慮を求められました。また、韓国の代表が金融部門での実務経験を踏まえて具体的な助言をしてくれたり、アメリカの代表が1980年代から女性起業支援に関わった国内での経験を伝えてくれたりもしました。様々な国の女性たちが知見を共有してくれました。日本時間の朝6時〜9時または夜22時〜0時に行われることが多かったウェブ会議を通じて、様々な国で女性が直面する課題の共通点や相違点を知りました。政府間の関係とは違い、個人同士の結びつきを作り同じゴールを共有して協力して働いたことで、民間外交の面白さを実感しました。

同時に、多国間協議の難しさもありました。例えば、女性や少女に対する暴力撲滅に関しては総論で賛成しつつ、細目に関しては、国により姿勢に差が見られました。微妙な言葉のニュアンスを巡り議論は長時間に及び、特にＩＬＯで議論中だった関連条約の採択を勧めることなどは、積極的な人と慎重な人で意見が分かれました。

一方で女性に対するサイバー空間における嫌がらせ（cyber bullying）については、複数の国からコミュニケに書き込むことを求められました。デジタル分野は教育の充実によりジェンダー・ギャップ縮小の有効策として期待されると同時に、使い方を誤れば性差別を助長することも議論に上っています。

参加国・地域から最も多くの意見が出たのは労働に関する項目でした。Ｗ20が発足する前年の2014年、オーストラリア・ブリスベンで開催されたG20サミットでは「2025年までに各国・地域の男女労働力格差を25%縮小する」合意がなされ、首脳宣言にも書き込まれたことは、先に記した通りです。

W20の主要な役割は、この目標を達成するためにG20に提言することです。日本は近年の女性活躍政策と高齢化による労働人口減少が相まって、目標達成できる見込みである一方、新興国の中には目標達成が危ぶまれる国もあります。

そもそも、先進国と新興国では「労働」の内容が異なります。大企業が主要な雇用主として労働市場で存在感を持つ先進各国では、企業の人材マネジメントが主な論点になりますが、安定した雇用主が少ない新興国や農村部では、零細個人事業主が多くなります。労働に関する法規制が既にある国と規制がない国では要求項目に違いが出てくるのも当然と言えます。

既に合意された項目について、各国の置かれた状況の違いを踏まえていかに書くか。国際文書を意識しつつ、議長国である日本が重視する項目に力点を置きつつ、加盟国・地域間の社会経済構造の違いを包摂しつつ、というコミュニケ策定の作業は、ひとつパズルを解いたと思ったら新しい問題が浮かび上がってくる終わりが見えない時間でした。

それでも、合計すれば数十回に及ぶウェブ会議と、3月22日に東京で開かれたW20各国・地域代表の12時間に及ぶ対面会議を経て文書をまとめることができました。

安倍晋三首相にコミュニケを手渡したのは、W20共同代表の目黒依子さんと吉田晴乃さんでした。目黒さんは前の章で紹介したAPECの調査も担当した社会学者で上智大学名誉教授。国連女性の地位委員会の日本代表を務めたジェンダー平等分野のパイオニアです。吉田さんは経営者で元ブリティッシュ・テレコム日本会長。女性初の経団連役員として、男性経営者の意識を大きく変えてきました。異なる分野のトップであるふたりが、日本のトップに女性からの提案を渡したのです。

2019年3月23日、24日には、東京・紀尾井町にあるホテルニューオータニで日本政府主催の国際会議WAW!とW20共催の会議が開催されました。会議の開会式で安倍首相にW20コミュニケを手渡しした他、基調講演にマララ・ユスフザイさんが登壇し、女子教育の重要性を話しました。

2019年のG20大阪首脳宣言でジェンダーに関する厚い記述が書かれた背景には、前年から20カ国の合意形成に基づく提案書作成に取り組んできた、W20の仕事の積み重ねがあったのです。

## 女性たちの官民連携

G20は首相や大臣の会議であり、W20を含むエンゲージメントグループは民間団体です。G20大阪首脳宣言には、W20日本運営委員会が取りまとめた20カ国・地域の女性代表からの提案の大半が盛り込まれました。部分的には、W20の提案より突っ込んだ内容がG20大阪首脳宣言に書かれていました。

G20への影響力行使、ジェンダー政策の主流化を目指すW20として、これは大成功だった、と言えます。その背景には、女性たちによる官民連携がありました。

2019年6月末に大阪で開催された首脳会談に先立ち、シェルパ・ミーティングが開かれました。「シェルパ」は登山の案内役という意味で、G20においては首脳の補佐役として、主要議題を議論します。

ここで、1月に開かれたシェルパの初回会合で、日本は議長国として「G20におけるこれまでの取組のもとに、特記すべき議題として世界経済、貿易・投資、環境・エネルギー、労働・雇用、持続可能な開発、国際保健及び女性のエンパワーメント」を挙げています。

この流れに沿ってW20が提案したことを、G20首脳宣言に反映すべく奮闘したのが、外務省女性参画室の松田友紀子室長（当時）でした。もともと、外務省女性参画室は、日本政府主催の国際女性会議WAW！を2014年から企画、運営してきました。WAW！は、女性のエンパワーメントについて、その重要性を国内外の専門家や各国のリーダーを招いて議論する1000人規模の国際会議です。2019年はW20とWAW！で共催会議を開き、国内外から3000人以上が参加しました。

私は2015年からWAW！の国内アドバイザーを務めており、松田さんと折に触れて意見交換をしてきました。私たち民間部門ができること・進めたいことと、政府ができること・やるべきことについて、以前からすり合わせ役割分担していたことで、民間グループのW20が作ったコミュニケを安倍首相に渡した後、政府部門がG20の議題に反映していく一連の過程がスムーズになりました。

様々な企業、官公庁の方と仕事をしてきた私の経験から、松田さんは人間として誠実かつ非常に優秀な公務員であり、民間と政府部門の役割の違いを踏まえながら、信頼に基づく協力関係を築ける人だと思います。

男女格差の解消は、企業や地域、家庭など民間部門の取り組みと、法律や制度を扱う政府部門の連携が欠かせません。中央政府にも地方政府にも、自らの役割をよく理解して、ジェンダー平等に近づけるため、尽力している人が他にもたくさんいます。私は民間部門で働く者として、彼・彼女たちと戦略的に連携を取りながら、自分ができること、やるべきことをこれからもやっていこうと思います。

# 第3章
# 「ジェンダー」を知っていますか

ここまで、当たり前のように「ジェンダー」という言葉を使ってきました。みなさんは「ジェンダー」とは何のことか知っていますか？　日常生活や仕事の会話で使ったことがありますか？　それは、どんな時でしょうか？

新型コロナウイルスの感染拡大防止のため外出や不特定多数の人が集まることを自粛するようになる2020年2月まで、私はほぼ毎週、異なる場所でジェンダーに関するセミナーや研修をしていました。演題に「ジェンダー」という言葉が入ることもあれば「男女平等」「男女共同参画」「女性活躍」「ワーク・ライフバランス」を前面に出すこともあります。

企業や官公庁、メディア関係者向けの研修、大学、高校、自治体主催の市民講座など、年齢も職業も家族構成も性別も様々な人に話をしたところ、「ジェンダー」という言葉を聞いたことがある人がたくさんいることが分かりました。ただし、使ったことがある人はあまり多くはないようです。

私が初めて「ジェンダー」を知ったのは、大学2年生だった1994年でした。在籍していた大学に「ジェンダーから世界を読む」という講義が新設されて受講しました。フランス文学、イスラム社会、家族社会学等、様々な分野の研究者が数回ずつ、ジェンダー関連の講義をしました。非常に面白くて、毎回、楽しく思いながら講義に出席しました。

ある時、家族社会学の講義を聞いていて、内田春菊さんのエッセイ漫画を思い出しました。内田さんは自由な生き方で知られており、この作品では、家庭における男女の役割分担の暗黙ルールを問い直す場面が多く描かれていました。

講義終了後、担当教授のもとへ漫画を持って行きました。「先生、これをぜひ読んで下さい。ジェンダーの決まりを取り去った生き方が描かれていると思います」と話したのです。その先生とは、今も年賀状のやり取りが続いています。

ジェンダーとは「社会的な性差」だと説明され、生物的な性差を示す「セックス」と対比して使われます。

「社会的な」性差というのは、一体何のことでしょうか？「生物的な」性差とは、どう違うのでしょうか？

分かりやすい例は、妊娠・出産・育児でしょうか。今の医学では、妊娠・出産する／できるのは「女性」だけです。つまり、妊娠・出産は「生物的な性差」に基づいている、と言えそうです。ただし育児は女性だけでなく、男性にもできることです。

アメリカの科学ジャーナリスト、ポール・レイバーンさんは、著書『父親の科学：見直される男親の子育て』（白揚社）において男親が育児に関与することが子どもの発達成長にプラスの効果をもたらすことを、様々な研究成果を踏まえて記しています。また、人は子どもが生まれたら自動的に親になるのではなく、子どもの世話をすると出てくるホルモンの作用で愛情を感じることを、科学論文を多数紹介しながら、示しています。

原著は英語で書かれており、タイトルは"Do Fathers Matter?: What Science Is Telling Us About the Parent We've Overlooked"。直訳すると「父親は大事なのか：科学が私たちに教えてくれる、これまで見落とされてきた両親に関すること」となります。著者はAP通信社の科学担当デスクだった男性で、自身が子どもを持つ父親です。長年にわたる広範な取材経験を生かして、動物実験や心理実験で判明した、子育てにおいて男親が果たす役割について説得力を持って記しています。

私自身、ふたりの子どもの親であり、夫婦で育児をしてきました。妊娠と出産は私がやりましたが、子どもが生まれてからは、母乳をあげること以外は全て、夫もやっています。

寝かしつけ、離乳食づくり、読書や宿題の習慣づけなど、私より夫の方が上手なことがたくさんあるのを目の当たりにしてきました。

一方で、社会には今なお「育児はママの仕事」という意識が根強く残っています。先に述べたように「男性もできるのに、女性しかできないとされていること」、逆に「女性もできるのに、男性しかできないとされていること」、このような思い込みや決めつけは「ジェンダー」に基づくものです。

その他にも「女性にこの仕事は向かない」とか「男の子は泣いてはいけない」、「女の子はおとなしくすべき」といった子どもに向けられる「ジェンダーに基づく思い込み」はたくさんあります。

## 生物的な性差は多様である

先ほど、セックスは生物的な性差、ジェンダーは社会的な性差と書きました。

ただし、生物的な性差も「男性か女性か」という単純な二元論ですむ話ではありません。

日本ではまだ例が少ないかもしれませんが、英語で書類を記入する際、性別の欄が次のようになっていることがあります。

Male/Female/Not applicable(Other)

つまり性別の選択肢は男性か女性のみならず「どちらにも当てはまらない」、「その他」というものも使われているのです。

私たちは生まれた時、医師などから「この子は男の子／女の子」と診断されます。日本では、それを母子手帳に書き込み、出生届を出す際、名前と一緒に性別も記して登録します。出生時に診断された性別と自分自身の性自認が一致している場合は「シスジェンダー」と言われます。例えば私の場合、生まれた時、医師から「女の子」と診断されて、出生届が出されたことに加え、私自身が「自分は女性である」と思っているため、シスジェンダー女性です。

一方、生まれた時に外から決められた性別と、本人の性自認が一致していない人もいます。この社会には性別に基づき異なる取り扱いを受けることが多くありますから、外から寄せられる社会的期待と自分の求めることが異なり、悩んだり苦しんだりすることになります。

例えば、学校の制服を考えてみます。自分は男性だ、と思っている人が生まれた時に「女の子」と診断されていたら、どうなるでしょう。周囲は「女の子だからスカートをはくべき」と思う一方、本人は「男の子だからズボンをはきたい」と思うかもしれません。トイレや更衣室など、性別に基づいて分かれている施設を使う際にも、不安や苦しさを感じることでしょう。

近年、制服については、女子もズボンを選べる学校があります。「女の子だけどスカートは嫌だ」とか「見た目は女の子と思われているけれど、本当は男の子だ」と思っている人たちにとって、選択肢が出てきました。

ただし問題はそこで終わりません。「生まれた時に男の子と診断されたけれど、自分は女性だと思っている」人がスカートをはくことを、どこまで許容しているでしょうか。また、自己認識が女性であり、見た目が男性または男性に近い人が、女子トイレや女性向けの更衣室、女湯に入ることは、どうでしょうか。

今すぐに答えを出すのは難しいことが多いでしょう。それでも、課題の存在を知ることで、あなたの友人や家族が悩んでいる時、手助けできるかもしれません。

## 10代がジェンダーに関心を持つきっかけはLGBT

ジェンダーに関する講演、セミナーをしていて気づくのは、世代による意識のギャップです。30代後半以上の働く女性と話をしていると、職場における男女の扱いの違いや、キャリアの格差に関心を持つ人によく出会います。

一方、10代から20代始めの世代が「ジェンダー問題」と聞いて想起するのは性的自認や、同性愛などのテーマが多いようです。

２０１９年８月、石川県小松市で開かれた高校生向けのサマースクールでジェンダー平等について話をしました。ハーバード大学やプリンストン大学、国際基督教大学など日米の大学生が企画運営する高校生向けの合宿型サマースクールです。およそ１週間、高校生は小松市内の宿泊施設に滞在して伝統文化体験やＳＤＧｓ（持続可能な開発目標）について学びます。グループワークが中心で、高校生たちは全国各地から来た同世代と社会課題について議論し、提言をしました。

この時、興味深く思ったのは、多くの高校生が「ＬＧＢＴ」に関するテーマを選んでいたことです。ＬＧＢＴはレズビアン、ゲイ、バイセクシャル、トランスジェンダーの略で、性的少数者を表しています。最近では、ＳＯＧＩ《ソジ》（Sexual Orientation and Gender Identity：性的指向と性自認）という言葉もよく聞きます。

高校生たちの話を聞いていると「自分の友達に同性愛の人がいる」とか「友達で性的自認と見た目の性が違う人がいる」という意見をよく耳にします。私が登壇するジェンダーに関するセミナーや講演会に高校生が来てくれることがあり、関心を持ったきっかけを尋ねると「女友達が同性愛者で、いろんなジェンダーの問題を知る機会があったからです」という人もいます。

そのような高校生たちは「もっと多くの人に知ってほしい」「同世代の人にも伝えたい」と望んでいるのです。

## ビジネスの場で根深いジェンダー・バイアス

性別に基づく決めつけ＝ジェンダー・バイアスは、仕事や生活の場に根強くしみついています。私の経験をひとつお伝えしましょう。

今から20年近く前、福岡にある通信会社で取材をしました。当時、コールセンターのマニュアルを紙からＩＴ化する動きが広がっており、ビジネス雑誌の記者だった私は、東京から出張に行きました。かつて電話帳ほどもあった分厚いマニュアルを机の上に置き、消費者からの電話相談に答えていたコールセンターは、ＩＴ化によってパソコン画面にキーワードを入力すると、必要な情報を表示できるように変わっていました。今なら当然の設備ですが、２０００年代はじめには画期的だったのです。

最初にコールセンターの様子を見せてもらいました。確かに机の上には紙がありません。案内してくれた通信会社の社員は、私が名刺を渡すと開口一番「女性の記者さんなのですね！」と言いました。彼が私を見て驚いた様子に、私も少し驚きました。見学した後にまた「女性の記者さんは珍しいですね」と言われました。

当時、私が在籍していた雑誌の編集部は50名程度の組織で、編集長を始めとする管理職10名強のうち女性は1〜2名でした。一方、私も含め5名程度は女性がいました。女性は少数でしたが、記者は性別や年齢に関わらず良い記事を書けば認められる文化があったので、仕事は楽しくやっていました。職場で、私が「女性だから」と言われたことはほとんどありません。

そんなわけで「女性記者を珍しがる」、私より数歳上の男性の反応に驚きました。ちなみに、彼の勤務先は日本を代表する大企業のひとつで、ビジネスパーソンなら誰でも知っています。きっと「働く女性の支援制度」も、私の勤務先よりずっと進んでいたはずです。

コールセンターを見学した後、会議室に移動し、マニュアルIT化についてインタビュー取材をしました。取材対象はコールセンター担当の通信会社社員2名、マニュアルIT化を担当した外資系大手IT企業の社員1名で、3人とも男性でした。取材を始めると、こんな話が出てきました。

「女性でも分かりやすいマニュアルにしました」

この言葉には「女性はＩＴが苦手」という暗黙の前提が表れています。私の反応を待たず、隣にいたもうひとりの男性が、「それは、まずいよ…」と注意していました。こちらの人は、ジェンダーに基づく決めつけが問題であること、目の前にいる私が女性記者であることを認識していたのでしょう。

ここで大事なのは、女性記者を珍しがった人も、マニュアルを「女性にも分かりやすく」した、と言った人も、全く悪気がなかったことです。彼らは私を馬鹿にしていたのではなく、「記者は男性の職業」とか「女性はＩＴが苦手」という無意識のバイアスを持っていたわけです。

あれから20年経《た》った今では、女性だから「○○できない」「××は苦手」という思い込みや決めつけが表に出てしまい、広告などで表現されると、ＳＮＳで批判を集めるようになりました。

こんな例があります。２０１９年3月、トヨタ自動車のＴｗｉｔｔｅｒが批判されました。「女性ドライバーの皆様へ質問です。やっぱり、クルマの運転って苦手ですか？」と投稿したのです。ここには「女性はクルマの運転が苦手」という無意識のバイアスが表れています。批判を受けて、トヨタはこのｔｗｅｅｔを取り消すと共に、女性の運転技能が男性より劣るかのような表現をしたことを謝罪しました。

ただし、トヨタには女性を差別しようという意図はありませんでした。実は、このｔｗｅｅｔに先立ち、トヨタ自動車が行った試乗会で、運転に苦手意識を持つ女性が多い事実を把握していたそうです。それをもとにＳＮＳを使って調査やマーケティングを行おうとしたら、批判を集めてしまったのです。

ビジネスの場でこうした例は少なくありません。

９年ほど前、私が赤ん坊を連れて郵便局の窓口へ行った時のことです。円高ドル安だったので、ドルを購入しようとしたところ、窓口の女性から馬鹿にしたような態度を取られて驚きました。ちょうど育休中で赤ん坊を連れていたので「この人は自分の収入がない人」と思われたのかもしれません。

ところが、私名義の通帳を見せて話を始めると、同じ人物と思えないほど態度が変わりました。私は会社員でしたから、毎月一定額の収入があり、それが自分の口座に振り込まれていたのです。その数字を見た後、窓口の女性の応対が丁寧になり、他の金融商品を勧めてきたのでした。つまり、ジェンダー・バイアスは男性だけの問題ではないのです。

メガバンクの支店も含め、お金を扱う金融機関の窓口でこの種のことを何度か経験し、働く女性の中には「稼ぐのは男性、女性は家庭を守っており、大きな金額は夫に相談しないと決められない」という思い込みを持つ人が少なくないと感じています。

## 私が自覚したジェンダー・バイアス

多くの人が「無意識のジェンダー・バイアス」を持っています。一方的に他人を批判するのはフェアではありませんから、ここで、私自身の失敗体験を書いておきましょう。

「女性の記者さん」として取材先から驚かれたのとほぼ同時期、今から20年ほど前の出来事です。都内のＩＴベンチャー企業を取材に行きました。当時、普及率が高まっていた携帯電話向けのコンテンツ提供サービスで急成長していた企業です。

会議室に通され、取材相手である社長と同席する広報室長を待っていると、扉が開いてふたり、スーツ姿の人が入ってきました。ひとりは男性、もうひとりは女性です。

私は何も考えず、先に男性に名刺を渡して挨拶しようとしました。男性が社長で、女性が広報担当だと思い込んでしまったからです。すると男性が「あ、こちらです」と一緒にいた女性に先に名刺交換するよう促しました。社長は女性だったのです。「失礼しました！」と謝ると、社長は「いいですよ」と気にしていない様子でしたが、今でも思い出しては恥ずかしい気持ちになります。

私自身は「女性記者は珍しい」と言われると違和感を覚えるのに、男性と女性が同じ場にいたら、男性の職位が上だと決めつけてしまう思い込みを、自分自身が持っていたわけです。

もうひとつの例は比較的最近、家庭の中で起きました。

ある時、小学生の息子から「この本、面白いからママも読んで」と勧められました。全3巻のスパイ小説で、10代の男の子が主人公、正体不明の悪役が登場します。1巻目を読み終えたところで、私は息子に言いました。

「こういう、ものすごく強くて悪い、正体不明の人って、主人公のお父さんだったりするんだよね」

　すると息子は「どうしてお父さんなの？　どうして悪役は男って決めつけるの？」と言ったのです。


　このように、子どもに指摘されて自分のジェンダー・バイアスに気づくことは、よくあります。例えば身近に見かけるポスターや広告のジェンダー・バイアスに息子はとても敏感で「どうして犯罪者のイメージを男性で描くんだろうね」と批判しています。

　例えば、家の近くにある大通りに置かれた交通ルールの注意書き。この通りは自転車道と歩道が分かれており、自転車は歩道を走ってはいけないことになっていますが、しばしばルール違反をする人がいます。

　毎日この道を通っている私が観察する限り、一番多いのは中高年女性のルール違反ですが、市役所が設置した「自転車は歩道を走りましょう」という注意書きには、若い男性が自転車に乗って若い女性にぶつかっているイラストが描かれています。悪いことをするのは男性という決めつけを見るたびに不快な気持ちになります。

日頃、こんなことを考えていても、ふとした拍子にバイアスが出てしまう。他人を批判するだけでなく、自分にもバイアスがあることを意識しておかなくては、と思うのです。

## 男性に対するジェンダー・バイアス

これまで例を挙げたように、ジェンダーに基づく「決めつけ」は、女性だけでなく男性に対しても起きています。ある県の職員向けに「無意識のジェンダー・バイアス」に関する研修をした時のことです。「男だから」とか「女だから」という決めつけを見聞きしたことはありますか？　と尋ねて、周囲の人と意見交換をしてもらったところ、男性職員からこのような声が出ました。

「僕が若い頃、地域の女性団体が使用する施設の担当をしていました。その時は、女性団体の方々に『男の子』と言われることがよくありました」

ちょっとピンとこない、という人のために、男女を逆にしてみましょう。中高年の男性グループに対する行政サービスを提供する、若い女性職員がいたとします。その女性に対してグループの男性が「あの女の子」と言ったとしたら、どうでしょうか。

おそらく、今なら注意されるはずです。それは、相手を馬鹿にしている感じがしますよ、と。「女の子ではなく、姓で××さんと呼ぶべきですよ」と。

女性に対して失礼なことは、男性に対してもやってはいけません。日頃、女性の権利拡大を求めて活動している女性でも、自らの持つジェンダー・バイアスに無自覚なことがあるわけです。「女性だから」「男女平等に関する活動をしているから」大丈夫と慢心せず、他者を個人として尊重しているかどうか、自分に問うことが必要でしょう。

男性を型にはめる「ジェンダー・バイアス」のよくある例を挙げてみましょう。

1.「男の子だから泣くんじゃない」と注意する

2.「男の子だから、将来ちゃんとした仕事に就けるようにしなければ」と思って熱心に教育する

3.「男性だからデートの時は女性におごってあげなくてはいけない」

## 4.「男性だから、昼間はちゃんと働いているのが当たり前」

1と2は家庭でよく見聞きするバイアスで、3と4は社会から受けるプレッシャーです。両者を接続するのが2と言えるでしょう。

ジェンダーに関する講演で「男の子だから泣くんじゃない」と言われたことがありますか？　と尋ねると、地域や世代、職種による差はありますが、大抵、手が挙がります。最近の親は子どもを男女区別せずに育てたい、と思っている人もいますが「子どもの将来」を考えると、男の子は「きちんと稼げる仕事」につながるような勉強をさせなくては、と思う親は少なくありません。

こうした現象を取り上げたのが月刊誌『LEE』2020年2月号のジェンダー平等教育特集です。「暮らしの中で無意識に性差別してるかも!?　言ってませんか？〝男の子だから〟〝女の子だから〟」と題して、読者アンケートや座談会に基づく子育てとジェンダーの悩みを広範に集めて、アドバイスまで9ページにわたり掲載しました。

この企画で読者座談会に参加したところ、3名の読者（いずれも子育て中の母親）が、異口同音に子どもを性差別のない環境で育てたい、と話していました。『ＬＥＥ』は料理やインテリア等、家の中のことをするのが好きな女性を対象にした雑誌という印象がありました。ただし、読者は子どもに、性別で縛られない生き方をしてほしい、と思っていたのです。

座談会では読者アンケートをもとに日常生活のジェンダー・バイアスを話し合いました。私が特に驚いたのは、姑《しゅうとめ》から「子どもが男の子でなかったこと」について残念だとか、非難がましいことを言われた、という体験談です。少子化の時代に孫の顔を見られるだけでラッキーなはずですが、世の中にはまだ、孫の性別によって嫁に文句を言うような時代遅れの人がいるようです。

そして、男女平等指向の母親たちが異口同音に「ジレンマを感じる」と話したのが、子どもの習い事や将来設計です。女の子については、ピアノやお絵かき、バレエといったアート系の習い事を好きなだけやって楽しんでほしいと思えるけれど、男の子については「やっぱり、ちゃんとした仕事に就いてほしい」と思うし、しっかり勉強して良い成績をとってほしいと思うそうです。子どもの幸せを思う親の心理と、男女平等に育てたいという理想が融合するには、親だけが頑張るのではなく、社会が変わる必要があるでしょう。

男性が感じるプレッシャーで特に大きなものは経済力です。大人の男性が経済力を持っているかどうか、チェックする世間の目は厳しいからです。

例えば平日の昼間に家の周りを歩いていても、私は全く気になりません。在宅仕事の合間にスーパーに食材を買いに行ったり、郵便局で用事をすませたりすることはよくあります。一方、男性で私と同様、フリーランスの人と話をすると「昼間に住宅街を歩いていると、怪しい人と思われることがある」という悩みを聞きます。

女性だけでなく男性も家庭に入り、家のことにメインで責任を持つ例が増え、周囲がそういう選択肢を「当然」と思うようになれば、男性も生きやすくなるだろう、と思えてなりません。

## ジェンダー炎上にはパターンがある

ジェンダーの問題に「気づく人」が増え「意思表明する手段」も増えたことで起きているのが、広告のジェンダー炎上です。Ｔｗｉｔｔｅｒを見ている方は「最近、広告やＣＭ

が炎上することが多いな」と思っているかもしれません。

広告のジェンダー炎上には決まったパターンがあります。特に本章のテーマと関わりが深い「性別に基づく勝手な決めつけ」について、ふたつの事例を挙げて解説します。

まずは「美術館女子」です。これは、美術館連絡協議会と読売新聞オンラインによる企画で、美術館の建物などを背景に女性アイドルが映っている写真を使ったものです。企画の意図は、美術館の建物の来館者を増やしたい、ということでした。

これが批判された一番大きな理由は「女性はアートに関心がない」という決めつけが見えてしまったためでしょう。

（美術という高尚な領域は男性のものであり、女性には難しいことは分からない、でも）美術館に来てみると美しい建物、展示物があり楽しいですよ——。キャンペーンの写真からは、そういった趣旨が伝わってきたように思います。かっこでくくった部分は、サイトには書かれていませんし、写真にも直接は表れていません。

それでも、なぜ同じ若者でも男性ではなく女性だけが映っているのか。なぜ美術の専門家（製作者や学芸員、研究者）ではなくアイドルが映っているのか、と考えてみると、批判した人たちが読み取った、書かれていないメッセージに気づくでしょう。

この章で書いてきた「記者（のような硬い仕事）は男性がやるもの」「ＩＴ（のような難しいこと）は女性には分からない」「女性は運転（のような機械操作）が苦手」という、性別に基づく無意識の決めつけが表れてしまったのが「美術館女子」だった、と言えるのではないでしょうか。

ただし、全ての人が「美術館女子」を不快に思ったわけではありません。調べてみると、このキャンペーンサイトを興味深く見た、という人もいました。アイドルを登場させることで関心層を広げることが、必ずしも間違っているとは言えないでしょう。

例えば「理系女子＝リケジョ」など、女性が少ない分野に女性を増やすために「女子」という言葉が使われることは、よくあります。「あれ、炎上したね」と他人事《ひとごと》として片づけるのではなく「自分はどう思うのか」「決めつけられている感じはするか」と考えたり、周囲の人と話し合ってみたりして、自分と違う意見に気づく機会にしたらいいと私は思います。

ジェンダー炎上といえば「女性の描かれ方の問題」と思われがちですが、男性の描かれ方が「勝手な決めつけ」と批判されることもあります。例えば「ユニバーサルホーム」の「ちょっと待ってね篇《へん》」。これは住宅のCMでした。

家の中で忙しく掃除などの家事をする母親が描かれます。4～5歳の女の子が「ママ、遊ぼう」と話しかけ、忙しい母親は「ちょっと待ってね」と返事をします。それが繰り返された後、新しい家の場面に移り、そちらでは住設機器が充実しており家事が素早く片づきます。そして「遊ぼっか！」と笑顔で子どもに話しかける母親と「やった！」と言う子どもが映ります。

実はこの時、父親も家にいて母と娘のやり取りをソファに座って見ているのです。最後に父親は「ちょっと待ってって言わなくなったね」と母親に話しかけてCMは終了します。私がこのCM動画を知ったのは、Ｆａｃｅｂｏｏｋで知り合いの男性が怒っているのを見たためです。彼は家事も育児も当たり前のようにやっているため「父親は何もしなくて当然」という描写に腹を立てたのでした。

企業広報や官公庁でジェンダーの研修をする際、このCMを見せると、共通の反応があります。参加者の性別を問わず多くの人がクスクス笑うのです。

見終わった後、感想を聞くと「こんな風に何もしないのはおかしいです」とか「自分がこの父親みたいに何もしなかったら、妻に怒られます」といった反応が返ってきます。こうした反応は、自身が結婚しているかどうか、子どもがいるかどうかは関係ないようです。「男性も家にいる時は家事や育児をするものだ」という意識を多くの人が持つようになっている、ということでしょう。

ひと昔前であれば「お母さんは家事育児で忙しくて大変」という現実に寄り添ったCMとして共感されたかもしれません。それが男性から批判されるところに、時代により変化するジェンダー規範の難しさがあるといえます。

まずはジェンダーについて「知る」ことから始めて、周囲の人と話をして考えを深め、それを仕事の企画などに使ってみて下さい。

# 第4章

# ジェンダー・ギャップと地域

これまでジェンダー格差について、日本と海外を比べてきました。ただ「日本」は広く、地域格差も大きいです。この章では子育て支援、義務教育、介護など、生活に密着した公共サービスを提供する基礎自治体に注目します。「首長《くびちょう》」とも呼ばれる市区町村長は政治家であることに加え「自治体経営者」としての役割を持っていて、独自のやり方で女性のエンパワーメントと地域活性化に取り組んでいます。

まずは、兵庫県北部にある豊岡市の事例を見てみましょう。豊岡市はジェンダー・ギャップの解消を通じた地方創生の分野で、今、一番注目されている街のひとつです。

## 国会議員からも注目される兵庫県豊岡市

それは2019年3月末のことでした。

東京・紀尾井町にあるホテル・ニューオータニの大宴会場、1000名以上入れる部屋で日本政府主催の国際女性会議が開かれました。地方創生と女性のエンパワーメントをテーマにした分科会で、ひときわ注目されていたのが中貝宗治《なかがいむねはる》豊岡市長です。豊岡市は兵庫県北部の自治体で人口は約8万人。市長の話は人口減少に悩む多くの地方都市関係者と、国会議員の心をつかみました。

豊岡市は多くの自治体と同様、働く女性や女性管理職を増やそうとしています。他と大きく異なるのは、こうした取り組みを「女性活躍」ではなく「ジェンダー・ギャップの解消」と呼んでいること。これは、単なることばの問題ではなく、中貝市長の大きな危機感に基づいています。

### 市長の危機感に火をつけた「若者回復率」

話は2017年に遡ります。2015年の国勢調査に基づき算出された「若者回復率」という数字に中貝市長は目を奪われていました。

若者回復率とは、20代で転入超過となった人数が10代で転出超過となった人数に占める割合のこと。多くの地方都市で10代は進学のため故郷を離れ、20代で就職や家族形成のため戻ってきます。仮に100人の10代が進学で町を離れ、20代で就職のために50人が戻ってきたら、若者回復率は50％。豊岡市では、2010～2015年にかけて、この若者回復率の男女差が2倍に開いたのです。男性52・2％に対し女性26・7％という数字でした。

実は男女合計の数字だけを見れば「豊岡市のUターン、Iターンの取り組みがうまくいった」と楽観的に考えることもできました。豊岡市の若者回復率は男女合計で見れば、この20年弱でゆるやかに回復しているからです。1990年〜95年に52・6%だったものが49・1%、28・6%と5年ごとに下落し2000年代始めに底を打った後、34・2%、39・5%と徐々に回復しています。

一方で性別比較をすると、全く違う風景が見えてきます。豊岡市の若者回復率は男女計ではゆるやかな回復、男性だけを見ると男女計よりシャープなV字を描いています。つまり、若い男性は以前より豊岡市に戻ってくるようになりました。一方で女性の若者回復率は20年間、減少傾向が続いており、最近5年で男性とのギャップが倍にまで開いたのです。

中貝市長は言います。

「こうなる理由は想像できます。地元で親たちは、息子には『帰ってこい』と言っています。一方で娘には『どうせお嫁に行くから、好きなようにしていい』と言っている。その結果、女性が豊岡に戻ってこなくなっている。あらためて見ると、市役所にも市内企業にも働く女性が少なくて、リーダー職に就く女性はほぼいない。このジェンダー・ギャップを放置すれば社会・経済的な損失は、とてつもなく大きい」

市長の危機意識は、豊岡市が真剣にジェンダー・ギャップ解消に取り組むきっかけとなったのです。

## ワークイノベーションの推進

2019年に豊岡市が発行した広報媒体は表紙に「脱・男だから、女だから…誰もが自由に生き方を選択できるまちに」とタイトルをつけ、自転車に子どもを乗せて送迎する父親の写真を掲載しています。そして、戦後すぐから現在までの社会情勢と、それに対応した人々の働き方・暮らし方を分かりやすく記しました。さらに、前出の若者回復率のジェンダー・ギャップも数字と共に解説し「若い女性が豊岡に暮らす価値を感じていない」と課題を明確に示しています。

「厳しい現実から目をそむけず、市民に語りかけるようにしています」と中貝市長は言います。

豊岡市はジェンダー・ギャップ解消に向けた重要な方策として「ワークイノベーション

の推進」、つまり仕事のやり方を変えようとしています。男女共に育児や介護などのケアと仕事を両立できる環境が必要だからです。

特に重要なのは、雇用主の発想と人材マネジメントを変えること。テレワークなどの推進に加え、いったん家庭に入った人が再就職しやすくなるよう、短時間・少日数勤務制度を導入する企業もあります。

2018年10月、市内16の（現在は21）事業所が集まって「豊岡市ワークイノベーション推進会議」をつくりました。会長は地元企業経営者で株式会社東豊精工代表取締役社長の岡本慎二さんです。ここでは、女性が働きたい仕事や職場環境の変革について、課題や解決方法を共有し、豊岡市役所も雇用主としてこの会議に参加しています。

既に成果は出始めており、豊岡市内にある木製ハンガーメーカーの中田工芸株式会社では、男性社長が1カ月の育児休業を取得しました。これは男性従業員の育休取得の後押しになり、育児は女性の仕事という役割分担意識を変えることにつながります。同社は海外戦略室を設けており、所属する5人中3人が女性で、彼女たちも海外出張するようになったそうです。

こうした変化の中で、中貝市長はあることに気づきました。

「これまで、市役所で女性が管理職になるのは夢のまた夢だった。かつては、結婚すると女性に退職を促すような雰囲気もありました。市役所職員へのアンケートに書かれた記述を見て、これまで私たちが知らずに押し付けてきたものに気づきました。

私は、市役所の経営者として、彼女たちにすまなかったと思いました。女性職員に対してフェアではなかった、公正ではなかった、と思っています。意識して女性を差別していたわけではありませんが、これまで無意識で続けてしまったことについて、考えさせられました」

女性活躍を前向きなこととして語る経営トップはたくさんいますが、過去を率直に振り返り、反省し女性に詫《わ》びる中貝市長のようなリーダーを見たのは初めてです。

今ではこのように正直な気持ちを語る中貝市長ですが、ジェンダー・ギャップ解消に着手した当初は、経済問題を強調していました。人口減少、労働力不足が経済損失に結び付く、という話は経営者が受け入れやすいためです。一方で「公正や平等といった話は反発を招くのではないか」と危惧《きぐ》していました。

実際は、多くの経営者が中貝市長の率直な反省のことばをきっかけに、自分自身を省みたようです。「公正さの欠如」という言葉を重く受け止めた地元商工会議所会頭の岡本さん（前出のワークイノベーション推進会議会長）は、今では「フェアな人事制度」を普及させるため積極的に動いています。「きっと、私と同じような反省を市内事業所の経営トップも感じたのではないでしょうか」と中貝市長は言います。

目標は「若者回復率が男女共に50％になること」。男性は既に達成できており、女性を呼び戻せるような、仕事のある魅力的なまちにするため、今も努力を重ねています。

若年人口、取り分け女性の流出は、地方都市の共通課題です。悩んでいる自治体や首長に中貝市長はこう呼びかけます。「若者回復率を性別で見て下さい。もし、男性は戻ってきているのに女性は戻らなくなっているとしたら、その数字を正面から見つめて下さい。私たちの取り組みも、厳しい現実を直視することから始まりました」。

## 東京都豊島区「消滅可能性都市」からの逆転

若年女性人口が減っているのは地方都市だけではありません。東京都内にも同じ課題に直面した街があります。東京都豊島区です。豊島区は池袋など日本有数の繁華街を有する都心部にある自治体で、人口は28・8万人もいます。それにもかかわらず、2014年、日本創成会議から「消滅可能性都市」と名指しされてしまいました。

なぜでしょうか。

「消滅可能性都市」算定の基準は「2010年から2040年までの30年間で若年女性(20〜39歳)が半数以下になること」。豊島区は当時、5・2万人いた若年女性が30年後は2・5万人まで減ると推計されたのです。

このピンチをチャンスに変えたのが、同区の高野之夫《ゆきお》区長でした。

「『消滅可能性都市』と呼ばれて、最初は怒りましたよ。どうしてだ! って。でも、少し考えたら納得できました。豊島区には川も山もありません。29万人が密集して住んでいます。交通の便が良く独身時代はいいと思いますが、子育て期になれば出て行ってしまうのも無理はない。

そこで、政策をガラッと方向転換しました。『女性に好かれる街』『子育てしやすい街』にしてみせよう! と。そのために、まず、100人の女性に話を聞きました。これを街づくりに反映していき、保育園も『作れるだけ作る』ことを指示しました」

地下鉄有楽町線東池袋駅に直結した豊島区役所の4階には、子どもに関する諸手続きの窓口が集まっています。その中に、区内の子育て関連施設と情報を一括して見られる部屋があります。そこでは区内の幼稚園、保育園や子ども関連のイベント情報が集約されているのです。非常勤職員がひとりいて、その場でインターネットを使って情報の検索を一緒にやってくれます。

子どもが複数いると上の子の対応で忙しく、赤ちゃんやこれから生まれてくる子に必要な情報を集める時間を取るのが難しい——そんな子育て層のニーズを汲《く》んだサービスです。このスペースには絵本やおもちゃもあるため、子どもを遊ばせながら必要な情報を探すことができて便利です。「保活って何ですか?」「幼稚園と保育園の違いを知りたい」といった疑問や悩みを持った母親が多く訪れるそうです。

このスペースはもともと会議室になる予定でしたが、豊島区では若年女性の会議で出された要望を踏まえて、育児情報を提供する場「子育てインフォメーション」に変えました。

その他にも、目に見える形で変わったことがあります。

「区内公立小学校のトイレを綺麗《きれい》に洋式に変えました。私は『トイレを見るとその街の文化が分かる』と思っています。区民センターのトイレは花王さんとコラボして綺麗にしましたし、公園のトイレは2年間で22カ所『アートトイレ』に変えたのです。保育園も待機児童ゼロを目指して増やしました」

このように「できることは何でもやる」という姿勢で取り組んだ結果、豊島区は2017年に共働きメディア「日経DUAL」調査による「共働き子育てしやすい街」の第1位に選ばれました。

日本創成会議の座長だった増田寛也さんは、豊島区を訪問した際「消滅可能性都市の公表から、わずか3年でここまで変わったことに驚いた。こんな街は他にありません」と話したそうです。

私は2019年4月から豊島区の男女共同参画推進会議の会長を務めており、高野区長に会う機会がありました。今回、本書のためのインタビューで話を聞いてみて、同区が本気でジェンダー格差を解消しようとしていることが分かりました。

例えば、区役所職員の男女平等。2010年（平成22年）度に10・1%だった職員の管理職女性比率は２０２０年（令和２年）度には22・１％まで増えました。毎年１％強ずつ、10年間にわたりコツコツ積み上げています。これは「東京だからできて当たり前」ではありません。東京23区の中には、特に取り組みをせず、女性管理職が片手で数えられる人数に留《とど》まるところもあるからです。ジェンダー平等の重要性をリーダーが実感し、地道な取り組みを重ねないと女性管理職は増えません。

## 意識は簡単に変わらない

豊島区役所のある女性管理職は「意識は簡単には変わりません」と言います。当初は区役所の男女共同参画部門が、その後は人事部門が女性活躍に関する研修を企画運営し、全管理職や女性職員など対象を変えて毎年続けてきた結果が、数字に表れているからです。区議会議員に占める女性割合は既に41・７％に達しており、議会でもジェンダー・バイアスに関する質問が普通に出てくる状況です。２０１９年末、私は区役所の管理職を対象としたジェンダー平等研修の講師を務めました。研修の実施には理由がありました。

ある日、区の事業を住民向けに伝える説明会で発言者が男性参加者に偏っていたそうです。「これは、おかしい」と感じた区議が議会で質問をしました。指摘を受けた副区長はすぐに「管理職向けの研修をする」と決定し、男女共同参画推進会議の会長を務める私のところに研修依頼がきた、というわけです。

この研修では、冒頭に高野区長が自ら、女性が暮らしやすい街から始まり、子育てしやすい街、そして外国人や海外にルーツを持つ人など多様な人が暮らしやすい街の重要性を話しました。

豊島区では多様な性自認・性的指向の人々を対象にした「パートナーシップ制度」も導入し、2019年4月1日から施行しています。また、慶弔休暇や介護休暇など、同性パートナーを有する区役所職員が使えるような制度拡充は、当事者の苦情申立てにより、区長に対する豊島区男女共同参画苦情処理委員からの意見表明をもとに導入されました。そして、制度を周知する際、本人の意に沿わない形で性的指向を他人に知られてしまう「アウティング」の防止措置をとることも決まっています。

区内の小中学校では基本方針として男女混合名簿を使っており、区教育委員会の指導主事が学校を訪問した際、名簿を確認し男女別になっている場合は校長にその理由を尋ねることにしています。

このやり方は、"comply or explain（遵守せよ、さもなくば説明せよ）"と言われ、海外でジェンダー平等を進める際によく使われています（34ページ参照）。新たに強制力があるルールを作らなくても、行政が基本方針を打ち出し、「それに従わない場合は説明を求める」ことで、説明コストを避けたい現場では男女平等が進むというわけです。

今、高野区長は「文化」を重視する街づくりに力を入れています。それは、池袋で生まれ育った高野区長が、小学生の時、戦後の焼け野原になった池袋周辺を見た原風景が心に焼き付いているからです。

「平和が一番大切で、平和であってこそ、文化が生きます。文化があるから街ににぎわいが生まれ、にぎわいが、経済を活性化させるのです」と話してくれました。

知恵と工夫で持続可能な区の「経営」をする高野区長の発想は、女性や子ども、子育て世代が住みやすい街づくりと通じるのです。

## 不都合な真実から目をそらさない

豊岡市長と豊島区長は、全く違う地域の男性首長ですが、ジェンダー問題に対する姿勢には共通点があります。それは、男女別の統計データをよく見て不都合な真実から目をそらさないことです。豊岡市の中貝市長は「若者回復率」の男女差を、豊島区の高野区長は「若年女性人口の推計」という数字を直視しました。

いずれの自治体も、男女合わせた数字だけを見ていたら、問題には気づかなかったでしょう。豊岡市では20代男性の流入値が回復していましたし、豊島区は池袋という全国有数の繁華街を有し、大学など教育機関や共働き層が住む高級マンションの建設が続いています。目の前の繁栄だけでなく、長期的な方向性に目配りし、男女の差を比較しその要因を考えるところから取り組みが始まるのです。

ふたりの首長は、真に地元を愛しており、持続可能な街づくりをしたいと考え、次世代にとって魅力的な街を目指していると思います。もはやジェンダーは「女性の問題」ではなく、皆が考えるべき課題になっているのです。

## 女性政治リーダーの視点は多様

それでは、地域のジェンダー課題を女性政治リーダーたちはどう見ているのでしょうか。

２０１９年11月、小池百合子・東京都知事、吉村美栄子・山形県知事、三村明夫・東京商工会議所会頭らが呼びかけ、地域の女性政治リーダーと経済界をつなぐイベント「女性首長によるびじょんネットワーク」が都内で開催されました。

日本各地から女性知事、市長、町長が21名集まり、地域における女性活躍の取り組みや自身のキャリアについて意見交換したのです。これまで記してきたように、日本は諸外国に比べて政治分野における女性の進出が遅れています。列国議会同盟の調べによれば、衆議院議員に占める女性比率は１９３カ国中１６６位（２０２０年7月）。内閣府男女共同参画局作成の「女性の政治参画マップ２０２０」によれば、都道府県の女性知事は47名中２名、政令指定都市の女性市長は20名中２名、１７２１ある市町村で女性首長は32名（1・8パーセント）に留まります。

数字の上では課題が多く目につきますが、女性首長が集まり、話しているのを直接見ると希望を感じることが多々ありました。

例えば、東京都武蔵野市の松下玲子市長は会社員として働いていた時、パート女性の置かれた不当な境遇に疑問を感じたことが、公共の仕事に転じるきっかけになったと言います。

「幸せの形は人それぞれだから自由に選べばいい。でも貧困や病気など困った時は行政が支援できるし、するべき」というポリシーに共感を覚えました。

兵庫県宝塚市の中川智子市長は「女性であれば何らかの形で理不尽を感じたことがあるでしょう。弱者の痛みを分かることを市政に生かしたい」と話していました。同市は全国に先駆けて就職氷河期世代を市役所職員として採用しています。

千葉県君津市の石井宏子市長は防災と女性に関する取り組みを紹介しました。この会合の2カ月前、千葉県は大型台風の上陸を受け、公共交通が寸断し停電が続く大きな被害を受けました。非常時、地域の情報発信や支援にジェンダー視点が生かされることの重要性を感じます。

この日、イベントに集まった首長は全員が女性でした。ただし「女性」という性別そのものより、少数派としての体験を生かすことが大切と感じるエピソードが多く出てきました。これは、第5章、6章で紹介する、企業のダイバーシティ・マネジメントにも通じる話です。

女性首長の経歴は多様で、地方議会の議員や公務員を経て立候補した人に加え、会社員、弁護士、主婦などの仕事を経験した人たちがいます。

特にユニークだったのが栃木県南部、野木町の真瀬宏子町長のキャリアでした。真瀬町長は画家として40年以上活動しています。東京藝術大学美術研究科修士課程を修了した後、県立高校で美術教師をしながら個展を30回も開いてきました。

絵画教室を主宰し地域の美術教育に貢献したことを評価され、推されて公民館の館長になります。その経験を買われて町長選挙に出るよう周囲から勧められたそうです。自身でも想像外という流れを笑顔で語る様子は、とても素敵でした。

才能や実績を正当に評価された結果、政治リーダーに就いた真瀬町長のようなキャリアが他の自治体でも増えてほしいと思います。

イベントで壇上に並んだ女性首長を見ながら、数年前に亡くなった父方の祖母にこの光景を見せてあげたい、と思いました。

私の祖父は岡山県の小さな町で20年間にわたり町長を務めました。選挙が近づくと祖母を始めとする女性たちは裏方仕事に忙しく、祖母が「お金がかかるから、選挙は本当に大変」と話していたことが心に残っています。

もし、祖母が今も生きていたら「おばあちゃん、女性が町長になる時代だよ。おばあちゃんが選挙に出てみたら？」と伝えたかったです。祖母がもし、30〜40年後に生まれていたら、自分もやってみよう、と思ったかもしれません。

## 男尊女卑をやめない地域は滅びる

男性が外で活躍し、女性はそれを支えるのが当然――。女性活躍と言われる時代にもそんな社会規範は、日本に根強く残っています。「女に政治ができるか」といった差別的な言葉を地元で投げかけられた体験や嫌がらせを受けた経験も、女性首長たちから聞きました。

性差別的な文化が報告される地域は、総じて人口が減少し高齢化が進む中、持続可能性が危ぶまれています。そんな中でも地元を再生したい一心で出馬した女性の政治家が、国・県・市町村問わず当選する例があります。有権者も「このままではいけない」「変えなくては」と思っている人が男女問わずいるからです。

ここであらためて確認しておきたいのは、本気で地方創生を望むなら、性別や年齢に関わらず、やる気と能力が生かされるべきということです。男尊女卑の文化を温存していては地方の存続はありえないでしょう。

## 企業・自治体連携で地方創生を試みる

これまで見てきたように、女性のエンパワーメントと地方創生はつながっている課題です。最後に、企業と自治体の連携による課題解決の事例「Empowered JAPAN」プログラムをご紹介します。

地方都市に住む就労していない女性にＩＴやコミュニケーション等のソフトスキルの研修を受けてもらい、並行して企業向けにテレワーク研修を提供することで「遠隔就労」という選択肢を創出する取り組みです。北は山形県から南は佐賀県まで、日本全国５都市で実証事業を行っています。

事業はこのように進みます。まず、日本マイクロソフトが自治体、パソコンメーカー、社会保険労務士、キャリアコンサルタントなど多くの企業や団体と連携し、テレワーク関連のトレーニングを実施、同時並行して、Empowered JAPAN実行委員会が日本テレワーク協会や政府機関と共同のイベントを通じテレワーク普及の啓蒙《けいもう》をします。

このプログラムの事務局を務める日本マイクロソフト政策渉外部長の宮崎翔太さんは、これまで仕事で多くの地方自治体関係者と接し、魅力的な人や企業が地域には存在すると感じていました。一方で、地域の若い人材は進学や就職で大都市圏に流出し、なかなか地元には戻ってきません。

東京圏で働いている人にとって、地元企業を知る機会がほとんどなく、また、転職して地元に帰ることは生活が激変するため容易ではありません。地元企業は、文化・慣習要因から従来型の人材マネジメントを続けていることが多く、女性や育児介護と仕事を両立したい人をうまく活《い》かしきれていません。

「遠隔という就労の選択肢を増やすことで、ジェンダー、役職の有無、学生、高齢者、障がいの有無に関わらず、全ての個人がスキルを活かして活躍できる世の中をつくることが、結果として女性のエンパワーメントにもつながると思っています」（宮崎さん）。

プログラム全体が目指しているのは、いつでも、どこでも、誰でも働き、学べる社会をつくること。そのため、働きたい個人と働き手を探す企業を空間的な制約を超えて結びつけようとしています。

特に重要なのは、雇用主、労働者の双方が働き方に関する従来の常識を変えること。例えば雇用主なら、フルタイムで通勤する人を地元で探すのは難しくても、テレワークで1日3時間働ける人を違う街で見つけることなら、できるかもしれません。人材紹介においても、従来型の週40時間労働の仕事に限らず、必要に応じて切り離された業務を適材適所でマッチングするような形を取れば、顧客企業に多様なサービスを提供できる上に、その過程で業務を効率化することも期待できます。

このプロジェクトは、もともと、地方中小企業の人材不足と、結婚・出産で離職したキャリアを持つ女性のマッチングを想定して始まりました。これまで見てきたように、東京などの大都市に比べると、地方都市の方が性別役割分担に基づくジェンダー規範が強く、出産で離職する女性が多いのです。また、夫の転勤で地方に移り住み、自分に合う仕事が見つからず家庭に留まっている女性は少なくありません。

Empowered JAPAN事務局では、2018年のプロジェクト立ち上げ時に、政府や経済団体の試算から今ある課題を把握しました。まず、中小企業の7割が人手不足を実感していること。一方で46・9%の女性が第一子出産で離職していること。働きたいのに働いていない女性が262万人、男性が107万人いること——。こうした事実を踏まえ、通勤を前提としなければ、働く場所と住む場所が離れていても、就労や人材獲得の選択肢を増やせるのではないかと予測したのです。

地方に住みながら収入を得られるなら、人口流出に歯止めをかけ、東京圏に住む人も会社を辞めずに地元や暮らしたい街に移住するなど、Uターン、Iターンにつながるかもしれません。

## ワーク・ライフバランスを改善するテレワークの可能性

2年ほど前、Empowered JAPANプロジェクトを知った時、直感的に、とてもいいなと思います。私自身、最近5年間はテレワーク中心で働いており、両立がしやすく仕事の生産性も上がったことを感じているからです。

今、私は東京郊外に住んでいます。都心まで電車で1時間、最寄り駅まで歩くと20分以上かかります。5年前、家族の事情で引っ越してきた当初は「こんなに不便では仕事に支障があるかもしれない」と心配でした。それまで住んでいた家は東京駅までタクシー圏内だったからです。

実際には、郊外生活でテレワーク中心の働き方をしてみると、良いことの方が多かったのです。朝は子どもを学校に送り出し、8時半頃から仕事を始め、子どもが帰宅する14時半〜15時半にいったん仕事を切り上げます。その後、宿題を見たりおやつを出したり子どもと話をしたりして、夕食後に21時頃から必要があれば電話会議をしたり仕事をします。

朝の最も頭がクリアな時間帯を通勤に使わず、すぐ原稿執筆に充てられるため、生産性は以前より高くなりました。買い物に出かけると春は鶯、夏は蟬《せみ》の声が聞こえて気分が良く、ストレスが減りました。

会議や出張講演などで出かけていく日もありますが、できる限り週2回程度に抑え、自分で納得できる仕事と私生活のバランスを目指してきました。

２０２０年初頭から世界に広がった新型コロナウイルスは、日本でも働き方や家族との関係を大きく変えました。学校が休みになり、政府はテレワークを推奨しました。私の場合、２０２０年2月以降の対面講演や出張が軒並みキャンセルになっています。

予想外だったのは収入が減らなかったこと。講演はオンライン形式で6月から再開し、新型コロナの流行第2波、第3波がきてもオンライン講演の予定が変わることはありません。住んでいる場所を選ばず参加できるオンライン講演は、テーマによっては参加者が通常形式より多いため、新しい市場を開拓したと言えそうです。

執筆は完全テレワーク、ダイバーシティやジェンダーに関するコンサルティング業務も、テレワーク中心でやっていたので影響を受けていません。数年前に働き方を変えておいたことが、予想外のコロナ禍に強い収益構造につながりました。

前述のEmpowered JAPANプログラムは、コロナ禍を受け、対象を女性だけでなく全ての人に拡大し、いつでもどこでも、学び働くことを推進するようになりました。3月17日から、50回以上のウェブセミナーを開催し、企業、病院、地方自治体におけるテレワークの事例や、小学校から大学におけるオンライン授業の事例を紹介しています。

それらは、心構えとマインドセット、ＩＴツールや環境、労務管理や補助金などの制度、行政や病院、教育機関といったカテゴリに分類し、誰でも無料で見られるように公開されています。加えて、動画の内容をまとめた原稿も公開し、文字情報でも多彩なテレワーク事例を読み、日本中の人が実践できるようにしました。サイト全体は英語版もあり、コロナ禍における日本の働き方、学び方事例を世界に発信する役割も果たしているのです。

日本政府の緊急事態宣言は5月末に解除されましたが、この本を執筆している8月下旬現在、新規感染は収束しそうにありません。今後、コロナと共に暮らす生活が長引きそうです。外出自粛の期間中、テレワークを経験した人のマインドは大きく変わっています。

Empowered JAPANプログラムが首都圏で働く１０００人のビジネスパーソンを対象にした調査によれば、首都圏に住みながらテレワーカーとして地方企業で働きたい、という人は60・3パーセントに達したそうです。この割合は20代では7割に上ります。また同プログラムが地方の中小企業経営者３００人に調査した結果、その6割がテレワーカー採用に前向きで、今後の変化が期待できます。

住む場所と働く場所が違うことが、もっと当たり前になれば、配偶者の転勤で仕事を辞めずにすむ人が増えるでしょう。また、家庭の事情でいったん離職した人が、住み慣れた街を離れずに自分に向いた仕事を見つけやすくなるはずです。これは、出産で仕事を辞めた女性だけでなく、介護などで離職を余儀なくされた男性にも選択肢が増えることだと言えます。

本章では地域と働き方、ジェンダー・ギャップの課題に取り組む首長たち、そして企業の取り組みを紹介しました。みなさんがお勤め先の企業や自治体で何かできそうなことがあれば、働き方の見直しを是非やってみて下さい。

# 第5章

# 無意識のジェンダー・バイアスを克服する

みなさんは、今、働いていますか。上司は男性、女性、どちらですか。もし、部下を持ったことがある場合、その男女比はいかがでしたか。自分の職場の男女比について考えたことはありますか。

私は大学を卒業してから40歳まで、約16年間、会社で働きました。上司のほとんどが男性で、女性は片手で数えられるくらい少なかったです。

ある時、とても優秀な女性上司・Yさんのもとで働いたことがあります。仕事の進め方、質、量共に素晴らしいと、周囲の皆が認めていました。

この部署の部門長は男性のSさんでした。彼はとても明るく、部下から好かれていてマネジメントが上手な人でした。彼は親会社から出向で私の勤務先にきていました。

部門長のポストはこれまでずっと親会社からの出向者が務めていましたが、彼は常々「子会社の生え抜き社員が部門長をした方がいい」と話していました。Yさんは部署でナンバー2のポジションにあったので、Sさんは事あるごとに「俺の次はYさんに部門長をお願いしたい」と公言していたのです。

控えめな性格のYさんは、Sさんにそう言われるたび「とんでもない」「私は無理」と言っていましたが、私も含めた部下は「Yさんが引き受ければいいのに」と話していました。

結局、Sさんは会社の経営陣とうまく交渉して、自分の後任をYさんに決めてから、親会社に帰っていったのです。Sさんの口から「女性活躍」という言葉を聞いたことはありませんが、彼は当然のように能力主義に基づくジェンダー平等を実践していたのです。

私自身もSさんには、とても、お世話になりました。

それは9年前のことです。私は産婦人科でふたり目の子どもを妊娠したことを確認しました。その3年前に第一子を出産しており、ちょうどもうひとり欲しいと思っていたところで、妊娠自体は嬉《うれ》しいことでした。

問題は第一子の時、妊娠初期に酷《ひど》いつわりを経験していたことです。その時は2カ月ほど寝たきりで、延々吐き続けて出社も難しくなりました。今回も同じようなことになるかもしれない、と心配でした。勤務先には「つわり休暇」制度がありましたが、実際に使えるかどうかは上司次第です。

本来なら安定期に入ってから報告すべきですが、体調不良で急に休む可能性もあるため、上司には早めに妊娠の事実を伝えた方がいい、と思いました。そこで朝、病院で検査を受けて妊娠を確認した後、出社してお昼休みにSさんのデスクに行きました。

「あの、実は、妊娠したんです」

こう告げたとたん、

「おめでとう！！！」

周囲に響き渡るほどの大きな声で、Sさんは言ったのです。その後も「本当によかったね」「日本のためにもおめでたい」と祝福の言葉が続き、ありがたく思うと同時に驚きました。

もともとSさんは私だけでなく子育てしながら働いている部下たちに、とても親切でした。職場は男女半々で、独身、主婦家庭、共働き子育て家庭、ひとり親家庭と家族構成は多様でした。同僚や上司のプライベートまで知っていたのは、安心して話せる職場文化があったからです。

妊娠報告をした後、お昼休み、Sさんと同僚と一緒に食事に行きました。Sさんは私に「本当におめでとう」と言った後、こう尋ねました。「いつから休んで、いつから復帰するの？」。この言葉には、産休・育休取得や私が仕事に復帰することを当然とみなす彼の考えが表れていました。

実はこの時、私が所属していた部署は恒常的な人手不足でした。私が出産で数カ月職場を離れることは、そのまま他の人たちの負担が増えることを意味します。管理職として「人繰りをどうしよう」ということが当然、頭に浮かんだはずですが、そういう心配は一切見せず、まず「おめでとう」と大きな声で言ってくれたおかげで、私の心は本当に軽くなりました。

職場の文化を作るのはリーダーの役割です。私の勤務先は、特に「女性活躍」を掲げていませんでしたが、産休育休に際し、人事部門がとても親切に対応してくれたこと、そしてSさんのような管理職がいたことで、私はふたりの子どもを育てながら仕事を続けることができました。後で記すように、日本企業の管理職は9割が男性です。Sさんのような人が増えれば、女性活躍は自然に進んでいくはずだと思います。

## マタニティ・ハラスメントの現状

私の経験は幸運な部類でしょう。残念なことに、妊娠等を理由に不利益な取り扱い、いわゆるマタニティ・ハラスメントが起きている現実があります。

2015年、独立行政法人 労働政策研究・研修機構は10名以上を雇用している民間企業（農林業を除く）6500社とそこで働く女性2万6000人などを対象に「妊娠等を理由とする不利益取扱い」について調査しました。回答者のうち、妊娠等を理由とする不利益取扱いを受けたことがある人の割合は21・4％に上ります。

この調査では、働いている人のうち「現在の職場または1つ前の職場で妊娠等を理由とする不利益取扱いを受けた人」と、今は働いていない人のうち「1つ前または2つ前の職場で妊娠等を理由とする不利益取扱いを受けた人」に、事情を尋ねています。

なお、ここにおけるマタニティ・ハラスメントとは、妊娠・出産・育児等に関連して、解雇、雇い止め、契約更新回数の引下げ、退職や不利益な契約内容変更の強要、降格、減給、賞与等における不利益な算定、不利益な配置変更・自宅待機命令・人事評価をされたこと、そして仕事をさせないなど就業環境を害する行為や、こうしたことを示唆する発言、妊娠・出産・育児関連の権利を主張しづらくする発言を指します。

マタニティ・ハラスメントの加害者としては、男性の直属上司（19・1％）、直属上司よりも上位の上司、役員（男性）（15・2％）に続いて、女性の直属上司（11・1％）や女性の同僚・部下（9・5％）が上がっています。

調査から分かるのは、マタハラ加害者は男性に限らないことです。日本企業に女性管理職が少ない割に女性上司から受けた被害の割合が高いことが分かります。

被害事例として最も多かったのは「迷惑」とか「辞めたら？」等、権利を主張しづらくする発言（47・0％）でした。

## 育児支援の世代間格差が生み出す女性マタハラ加害者

私もこうした話をあちこちで聞いています。多くの場合、女性の上司や先輩には加害の自覚がなく「自分自身と比べて甘えているように見える」同性の後輩や部下を批判していて、中には数年にわたり裁判が続いているケースもあります。

子どもを育てながら働く女性の中には世代によりますが「自分が出産した時は破水するまで働いていた」とか「仕事に復帰した後は保育園とベビーシッターを駆使して夜遅くまで働いていた」といった体験を持つ人は少なくありません。

彼女たちの中には「たとえ制度があっても長く産休を取るべきではない」とか「仕事を続けるなら時短勤務を使うべきではない」という価値観を持つ人もいます。それが後輩や部下世代の女性たちに対する過剰に厳しい態度やハラスメントとして表れる事例もあるのです。

産休や育休、時短などを使わずに育児と仕事を両立するのは至難の業です。大変な思いをしながら仕事を続けて道を切り開いてきた世代の頑張りについて、若い世代がもっと理解を示したら、不毛な対立を減らせるのではないでしょうか。

また、同じ出産・育児体験であっても、時代と共に使える制度が変わり、働き方の文化も変わっていることを、上の世代は男女共に知っておく必要があると思います。

## 女性同士の対立にしてはいけない

一方で、女性上司から女性部下へのマタハラを「女性同士の対立」と捉えてしまうと、本質を見誤ります。マタハラ発言をする女性たちが、時代の制約ゆえ、希望する生き方を諦めたり、大幅に譲歩したりしてきた事実を見落とすと、問題を矮小化《わいしょうか》してしまいます。

50代以上の働く女性たちからは「子どもを持つことを諦めた」とか「仕事を続けながら子どもを産もうということを思いつかなかった」という話を聞くこともあります。「諦める」の実態は多様であり、妊娠したものの、仕事を続けるため中絶手術を受けた人や、子どもは欲しかったけれど両立は無理だと思って、そもそも作らなかった人もいます。

背景には、長時間労働をしないと一人前と認められない職場の文化があります。妊娠で休むとか、育児で勤務時間を短縮することなど、考えもつかなかった、という人も少なくありません。業界や職種による違いはありますが、女性が働き続けるために払う犠牲が、今と比べて昔の方が大きかったのです。

自分がかつて諦めたものを、当たり前のものとして享受している後輩の姿を見て、やりきれない気持ちになる――。女性から女性に対するマタニティ・ハラスメントには、こういう背景があります。

私も身に覚えがありますが、男性が多数派を占める企業社会で生き残り、昇進してきた女性たちは、ともすると「男性以上に男性的」にふるまうことがあります。組織文化に過剰適応することで、承認を得ようとする無意識の行動は、時に同性に対する攻撃につながり、そのひとつがマタニティ・ハラスメントである、と言えるでしょう。

こうした負の連鎖を断ち切るためには、女性も男性も自分の望む生き方を諦めることなく、仕事と調和して生きていけるような真の働き方改革が必要です。

## ハラスメントは権力構造の問題

マタニティ・ハラスメント、セクシャル・ハラスメント、パワー・ハラスメントに関する事例、事件をインターネットの報道で目にすることが増えています。ハラスメントは「嫌がらせ」のことで、マタニティ・ハラスメントは、妊娠出産育児をする女性に対する嫌がらせ、セクシャル・ハラスメントは性的嫌がらせ、パワー・ハラスメントは力関係をもとにした嫌がらせです。
これらの言葉の認知度が上がるにつれて管理職から次のような意見を聞くようになりました。

「部下を叱るとハラスメントと言われるから、仕事の指導がやりにくい」
「面倒なので、部下にダメ出しをしないようにしている」

確かに、仕事で必要な問題の指摘を「ハラスメント」と曲解する人もいますから、管理職から聞く悩みや愚痴に、共感することも多いです。では、ハラスメントと指導の線引きは、どこにあるのでしょうか。「それはハラスメントです」と言われた時「そうではない」と反論するためには、日頃からどんなことに気を付けておけばいいのでしょうか。
最も簡単な方法をお伝えしましょう。

「あなたが今、言おうとしていることを、相手が上司の配偶者だったり、上司の子どもだったりしても、言いますか」

例えば仕事の出来が悪い部下に対してやり直しを命じることは、よくあるでしょう。その時、どこをどう直せばいいか、具体的に指示するのは仕事上必要な指導です。この時「こんなこともできないなら、辞めたら？」と言えばハラスメントと受け止められるかもしれません。

悩ましいのは、今の部課長世代はパワー・ハラスメントのような言葉が飛び交う職場で若い時代を過ごしてきた、ということです。自分が育った時代の常識は今では通用しません。

もし「部下にこれを言っても大丈夫か」と迷ったら一呼吸おいて「それを上司の配偶者にも言うか」と考えてみて下さい。上司の耳に入ったら、自分の人間性が疑われて不利益を被りそう、と思うなら、それは言わない方がいいでしょう。

同じことはセクシャル・ハラスメントについても言えます。セクハラについては、しばしば、女性の服装や態度が問題とされることがあります。被害者が自ら被害を誘発している、という意見については、先ほどと同じ問いを返したいと思います。

「あなたは、上司の妻がミニスカートをはいていたら、どんな態度を取りますか」

おそらく、目のやり場に困るとは思いますが、セクハラは決してしないはずです。セクハラも、他のハラスメントと同様に権力関係こそが真の問題です。相手が自分より弱い立場であり、自分の方が権力を持っていると分かっているからこそ、セクハラをするのです。「スカートの長さ」は本質的な問題ではないことを伝えるため、私が研修でよく見せているのは、2017年に来日したイヴァンカ・トランプ米国大統領補佐官と安倍晋三首相（共に、当時）が並んで映っている写真です。イヴァンカさんは短いピンク色のスカートをはいています。諸外国の女性政治家と比べてかなり短い丈です。

イヴァンカさんのスカートが短いからといって、男性リーダーが彼女にセクハラをすることは、あり得ないでしょう。それは彼女のお父さんがアメリカ合衆国の大統領だからです。背景に世界最大の権力者がちらつく時、その女性がいくら魅力的でも、セクハラしようなどとは、思わない人がほとんどです。それはつまり、セクハラの本質的な問題が権力関係であることを示しているのです。

かつてとある有名企業の創業社長が、こんなことを言っていました。

「僕は恋愛については大賛成。不倫でも何でもすればいいと思っている。でも、ダメな関係がある。上司と部下、先生と生徒、医師と患者。こういう上下関係があるところで恋愛はしちゃいけない」

20年以上前ですが、彼はセクシャル・ハラスメントの本質を理解していました。

## 「女性の昇進意欲が低い」は本当か

次に、職場とジェンダーにまつわる重要な課題である女性管理職の少なさについて考えます。

ここでいくつか、基本的なデータを確認しておきます。それは、日本では、働く女性はたくさんいるものの、管理職などリーダーの役職に就く女性が非常に少ないという事実です。

内閣府男女共同参画局が毎年発行している「男女共同参画白書」令和2年版の「主要国の就業者及び管理的職業従事者に占める女性の割合」というグラフを見てみましょう。

日本は働く人の44・5％が女性です。ちなみに、先進諸国はフランス（48・5％）、スウェーデン（47・5％）、ノルウェー（47・1％）、米国（47・0％）、英国（47・3％）、ドイツ（46・6％）において40％台後半になっており、日本も同じくらいと言っていいでしょう。

問題は企業の課長相当職以上や会社役員、公務員で管理職の人などに占める女

表4　**主要国の就業者及び管理的職業従事者に占める女性の割合**

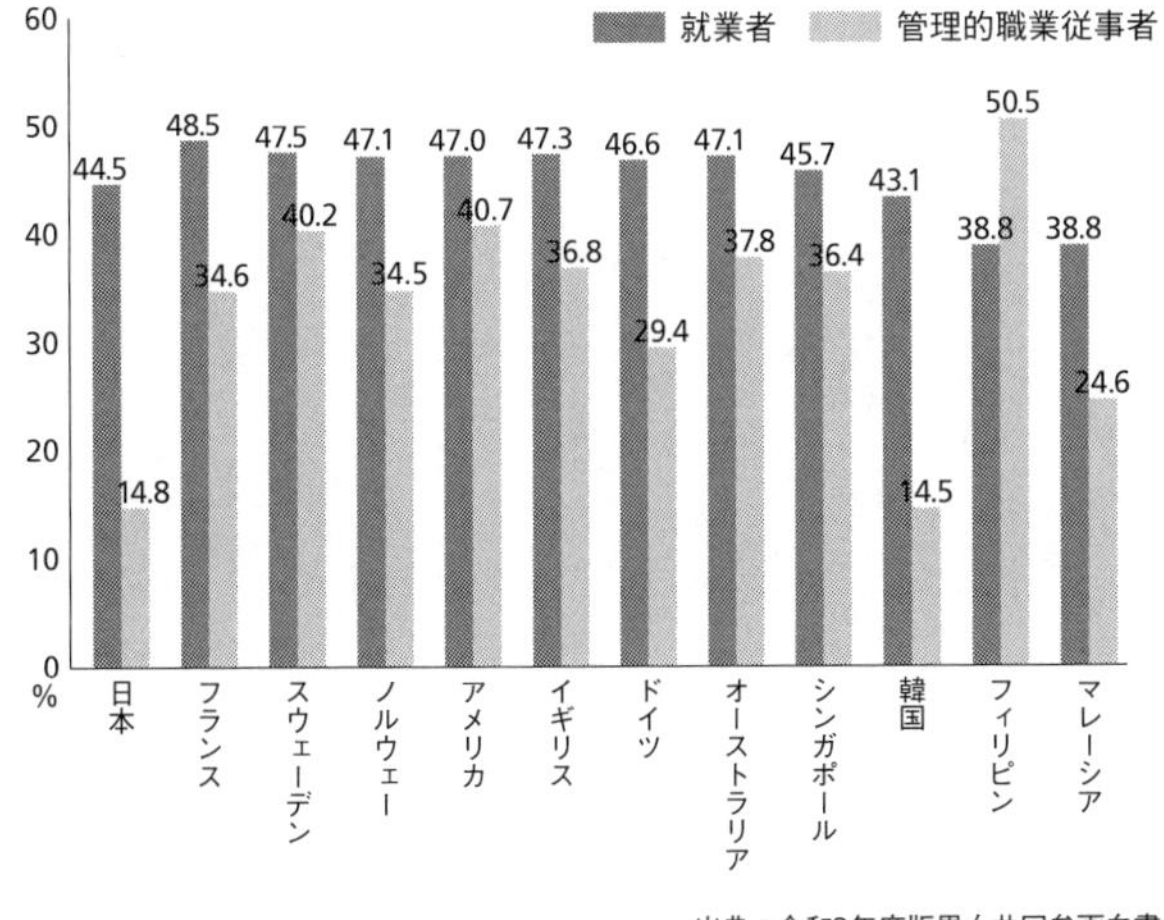


出典：令和2年度版男女共同参画白書

＊管理的職業従事者とは、日本では就業者のうち会社役員、企業の課長相当職以上、管理的公務員などとするが、その定義は国によって異なる。

性割合です。日本はわずか14・8％に留《とど》まり、グラフで示されている中では韓国の14・5％に次いで低くなっています。米国は40・7％、スウェーデン40・2％、ノルウェー34・5％、オーストラリア37・8％、フランス34・6％と欧米先進国に3〜4割は女性管理職がいるのと比べると男女格差が大きいことが分かるでしょう。

興味深いのはフィリピンで、就業者に占める女性割合（38・8％）より管理職女性比率（50・5％）の方が高くなっています。アジアの新興国ではマレーシアの女性管理職割合が24・6％です。

これらの事実をまとめると、韓国を例外とすれば日本は他の先進国、新興国と比べて女性管理職がとても少ないということになります。

「男女共同参画白書」では、過去30年間の変化をみることもできます。これによれば、日本は1989年にわずか4・6％だった民間企業の係長級に占める女性割合は年々上昇し、2019年には18・9％まで上がりました。課長級は2・0％から11・4％へ、部長級は1・3％から6・9％まで上がっています。

長期的に見れば日本企業も進化しているものの、第1章で記したように、世界の他の国々は、もっと変化が速いのです。なお「男女共同参画白書」を発行している内閣府男女共同参画局は英語でGender Equality Bureau Cabinet Officeと言います。まさにジェンダー平等を推進するために設置された機関で、毎年発行される「男女共同参画白書」は、経済、政治、教育、地域、社会など様々な角度からジェンダー平等の現状と課題、海外との比較を分かりやすく記しています。本書でジェンダー問題に興味を持った方は、この白書で様々なデータをご覧になってみてください。

組織における女性リーダーに関する議論をすると、必ず出てくるのが「女性は昇進したがらない」という意見です。2020年3月8日、朝日新聞社は女性役員がいない企業14社に、どうしたら女性役員が増えると思うかを尋ねた取材結果を記事として掲載しました。すると「女性の昇進意欲の向上」(5社)と「女性採用者数の増加」(5社)を挙げる企業が目立ち、「経営層の意識改革」(2社)や、「男性社員の意識改革」(1社)より上回りました。

また、2016年9月に人材情報サービス会社のアイデムが運営する「人と仕事研究所」が調査・発行した「平成28年版パートタイマー白書」において、女性管理職が少ない理由の第1位として「女性本人が希望しない」43・3％が挙げられています。

回答企業の49・7％は、女性管理職比率が10％未満となっていますが、今後、女性管理職比率を「上げたい」または「どちらかと言えば上げたい」と答えた企業は69・0％に達しています。また、ここでは、女性が意欲を持って働き続けるために必要なこととして企業が考えることの第1位が「女性自身の意識の改革」40・2％となりました。

こうした数字を見ると、女性活躍を阻むのは女性自身のやる気ではないか、と思うかもしれません。結論を急ぐ前に、回答企業の状況を見てみましょう。有効回答企業数は１４２８社、製造業が24・9％を占めており一番多いです。

回答企業の正社員に占める女性比率を見ると、20％未満の企業が27％、20〜30％未満が17・9％となっています。この数字を見ると、そもそも管理職の対象になる女性社員の数が少ないように思えます。これは果たして女性の意欲の問題なのでしょうか。

私が管理職対象にジェンダー関連の講演をする時は「自分が管理職になった理由」を尋ねるようにしています。興味深いことに、男性管理職は「上司から声をかけられたから」「組織の中で自分の力を発揮するのは当然だから」といった理由を述べることが多いのに対し、女性管理職は、昇進に際して覚えた葛藤を筋道立てて長めに話す傾向にあります。

ここには、多数派と少数派の置かれた状況の違いが表れています。

男女逆のパターンを考えるため、育休取得経験を持つ男女を集めて「なぜ、育休を取ったのか」と尋ねる場面を想像してみて下さい。きっと多くの女性たちからは「産後、しばらく赤ちゃんと一緒にいたかった」とか「授乳期間はそばにいようと思った」といった答えが返ってくるでしょう。これらは、ごく自然に思える回答です。

一方で男性の育休取得者は、もう少し個別具体的な理由を述べます。分野を問わず、少数派には「慣習に逆らって、あえて選択するだけの強い理由」が必要なのです。

そのため管理職として少数派に属する女性に昇進意欲を示してもらうためには「選択する理由」を、上司の側が意識して与える必要があります。

日本に住んで30年近いアメリカの金融業界経営者から聞いた話です。ある時、部下に昇進の辞令を出そうとした時、断られました。理由を尋ねると「自信がない」と言い、全員が女性でした。

彼はまず、説得を試みました。「自信がない」という人には「上司として自分が認めているから、君には能力がある」と伝えたのですが、説得が効かない人が3人いたそうです。「私には信じがたいことです。銀行マンとして私は、提示された昇進を全て受けてきました。だから今、東京支社でトップに就けたのです。昇進を断るなんて、ありえないのです」

なぜ、彼女たちは「自信がない」ことを理由に昇進を断ったのか——。その後も考え続け、関連の研究を探しました。ある研究によれば、新しい仕事に必要な要素が記されている時、男性は60％できそうなら応募するそうですが、女性は100％できそうな場合にだけ、応募するというのです。

ここで大切なのは、「自信がありません」という女性部下の言葉をいかに解釈するか、でしょう。額面通りに受け取り「女性は昇進したがらない」という結論を導き、女性管理職が少ないのは仕方ないと現状を追認するか、それとも、個人を説得したり、問題の根本原因を探ったりするか。

このように「女性の昇進意欲」を言い訳にせず、能力に応じて昇進させるフェアな男性リーダーが増えたら、この問題は解決に向かうと思います。

もうひとり「女性の遠慮」という問題に取り組み続けている人をご紹介します。10万人以上を擁する大組織で部長職を務めるEさんです。夫も同じ組織の別な部署の部長でお子さんがふたりいます。

「管理職登用は試験制度になっているから、性差別は起きにくい」とEさんは言います。Eさんの勤務先で管理職女性比率は2割。日本企業全体が1割強であるのと比べると、進んでいます。局長にも女性がいますし、組織のトップやナンバー2が女性だったこともあります。

「問題は、女性が管理職試験を受けたがらないこと」とEさんは言います。大きな課題は、ちょうど管理職になる時期と結婚や出産を考える時期が重なることです。産休育休の制度は手厚いため、子どもが3歳くらいまで子育てに専念することもできます。出産で仕事を辞める女性がほとんどいない一方、家庭優先になり、キャリアアップを望みにくい状況がありました。

これは、組織全体の課題とみなされており、女性管理職を増やすための研修も行われています。加えてEさんは、後輩女性たちを応援する試みを続けており、そのひとつが、個人メルマガの発行です。後輩女性向けに、女性の活躍を後押しするような記事や情報を共有していますます。同じ組織で子育てしながら働く上級管理職のメッセージということで、Eさんの発行するメルマガはよく読まれています。

私は仕事でEさんの勤務先のいくつかの部署とやり取りがあります。どの部署でも「Eさん」の名前を知る、後輩世代の女性がいます。彼女たちは、Eさんの情報発信を通じて励まされていると言います。

加えて重要なのは、Eさんが、自分の直属の部下に「管理職試験、受けてね」と勧めることを自分の役割と認識していることです。

「男性は1回言ったら受けるけれど、女性は3回言わないと受けない。でも、それは3回言えば受けてくれる、とも解釈できます」とEさんは言います。現実を変えるために自分の力を正しく使い、地道な努力を続けているEさんを尊敬しています。こういう管理職が増えたら、組織は大きく変わっていくでしょう。

## チラシにたった4文字加えたら女性の応募が増加

これまで、私は記者としてジェンダーに関する企業の良い取り組みを数多く取材してきました。成果を上げているのは自社の現状をシビアに見つめたところから生まれた取り組みでした。

関西の大手メーカーは、工場で人員採用に苦労していました。この工場ではアジア市場で非常に人気がある高額商品を生産していたのですが、立地が大都市から離れていたため、求人に苦労していました。

考えた末、工場長は人材募集のチラシに「女性歓迎」の4文字を入れます。すると、多くの女性が応募してきました。それまで、地域の女性たちは働きたいと思っていても「工場は女性の職場ではない」という無意識バイアスにより、応募してこなかったのです。それが、たった4文字で解消されたという実例は、多くの企業の参考になるでしょう。

ところで、工場現場に女性が少ない理由は何でしょうか。

自動車、生活用品、事務用品など様々な業界で「女性には重くて持ちにくい機具があるため、工場で採用するのが難しかった」という話を聞きました。人手不足解消のため女性を採用した企業では、工場で使う重い機具を軽い素材で作り直し、人間が無理をしなくてすむよう、重いものは機械で持ち上げるといった工夫を重ねてきました。

その結果、「女性だけで工場を運営している」という企業や「男性も腰痛が治ってよかった」といった成果が出ています。工場現場で働く女性の活躍は、精密機器や事務用品、自動車など、様々な業種に広がっています。大事なのは「どうしたら可能か」を考えて工夫を重ねること、採用の時に性別ではなくやる気や適性を見ることです。

つまり、募集や働き方の工夫⇓女性採用⇓人手不足解消⇓女性活躍、男性の健康という好循環ができています。このように実利を追求した時、企業の文化も変わっていくのです。

## 働き方改革が根本的な解決につながる

企業とジェンダーの問題を根本的に解決するのは、働き方改革です。女性だけでなく男性も、母親だけでなく父親も、子どもがいない人も、全員を対象にした働き方改革が必要とされています。

先行して女性活躍に取り組んだ企業が、その理由を示してくれています。２０１４年、資生堂は社員に向けてメッセージを出しました。主に美容部員に対するもので、子どもがいる女性も夜間や休日の勤務を検討することを求める内容でした。

これは「資生堂ショック」と呼ばれ、メディアでも大きく取り上げられました。多数の女性従業員を抱え、女性役員もいる「女性に優しい企業」資生堂が、母親に厳しい措置を取った、と思われたためです。

けれども私は「ママが可哀想《かわいそう》」「資生堂は厳しすぎる」という批判には賛成できません。働く女性が増え、出産後も働き続ける人が増えてきたら「ママだけ特別扱い」できなくなるのは当然です。同じ仕事をして同じ報酬をもらうためには、負担の平準化が必要です。

そうでなければ「ママ社員」たちは男性社員や子どもがいない社員からサポートを受けることで「マミートラック（昇格などのチャンスがほとんどない、出世コースと反対のコース＝トラックのこと）」に陥ることになります。

同じ構造の悩みを、メディア企業で働く男性から聞いたことがあります。相談してきたのは30代の男性Tさんでした。彼の部署はほぼ24時間稼働しており、勤務シフトは9時〜17時と17時〜午前1時に分けられ、大多数は日中の勤務を希望します。「優しい男性部長」は子どもがいる女性社員を優先的に日中のシフトに配置するため、男性全員と子どもがいない女性社員が夜間シフトに入ることになります。

ある日、Tさんは妻の妊娠を知ります。子どもが欲しいと思っていたTさんは、育児休業を取りたいと思っていますし、つわりで日常生活が辛《つら》い妻のために買い物などをしたいのです。そのため日中の9時～17時勤務を希望していますが「ママが優先される職場」の中で、主婦家庭の夫である自分は夜間シフトに入るべき、と思われているため、希望を言えずにいました。

同じようなことは、他の職場でも起きています。世代が若くなるほど、男性社員も子育てに関わることを当たり前と考えるようになっているからです。

本気でジェンダーの課題に取り組み、働く人のダイバーシティを受容していこうと思ったら、男性の働き方改革こそが必要になるのです。それに取り組んでいる企業のひとつが、積水ハウスです。同社は2018年9月から「イクメン休業制度」を導入しました。これは「男性育休1カ月以上の完全取得」を意味します。

実際に育休を取得した男性は「管理職として、子育て中の女性部下の気持ちが今までよりよく分かるようになった」そうです。ケア労働を体験することで、他者理解が深まることは、より良いマネジメントにもつながるでしょう。

同社が伝統的な日本企業に先駆けて男性育休推進を始めたきっかけは、仲井嘉浩社長のスウェーデン出張でした。ストックホルムの公園でたくさんの父親がベビーカーを押している姿を見た時、仲井社長はこういう光景を日本でも作りたいと考えたそうです。帰国後すぐ、人事部に試算を指示したところ、全ての男性社員が配偶者の出産時に1カ月休業しても業績には影響が出ないことが分かり、実施します。

当初は反対も出たそうですが、実際に育休を取得した男性社員からは、喜びや感謝の声が集まり続けています。同社では育休に入る前に、休業中にどんな家事育児をするのか、夫婦で話し合うための書き込み用紙を作って配布しています。働き方だけでなく、家庭での過ごし方についても、企業が突っ込んだ形で関わっている例と言えます。

もともと積水ハウスは過去10年以上にわたり、女性活躍に関する施策を進めてきました。建設・住宅業界では女性が少ないため、女性営業職に特化した研修を行ったり、管理職向けのダイバーシティ研修も毎年行ったりしています。生え抜きで1名、社外で2名の女性役員もいます。こうした女性活躍に関する取り組みの積み重ねに加えて、男性のワーク・ライフバランスや、働き方改革に取り組んでいるところに先進性があります。

今後、ジェンダー課題に取り組む企業は、女性リーダーの育成と同時に全ての人を対象にした働き方改革、取り分け男性の働き方改革を進めていくことになるでしょう。その中でも男性の育休取得は象徴的な意味を持っています。私は様々な大学でジェンダーに関するセミナーをしますが、男性育休の話題には男女共に学生の関心が集中します。

ある大学でワーク・ライフバランスのセミナーをした時は、その大学の卒業生で30代の男性に来てもらいました。彼には3人のお子さんがいて、3人目の時に数カ月の育児休業を取得しています。妻は当時専業主婦でしたが、子どもが3人いたら大変だから自分も育児をするのは当然と話していました。勤務先は財閥系の商社でしたから、ひと昔前は男性育休など考えられなかったでしょう。

ビジネスマンの新しい働き方モデルを多く見ることで、学生の意識も変わっていくと思いますし、企業はその後押しができるのです。

# 第6章
# ジェンダーと経営

経営の世界でも「ジェンダー」という言葉を目にすることが増えました。きっかけは2015年9月の国連サミットで採択された「持続可能な開発のための2030アジェンダ」です。これは17分野からなる「持続可能な開発目標（Sustainable Development Goals: SDGs＝エス・ディー・ジーズ）」が記載されており、第5分野が「ジェンダー平等を達成しよう」なのです。スーツの胸元にSDGsのシンボルを象《かたど》ったカラフルな丸いバッジをつけるビジネスパーソンが増えています。

## 世界14カ国に広がる30％クラブ

第1章、第2章で書いたように、今、世界ではジェンダーギャップの解消を長期的な経済問題解決のために必須と考えるようになっています。それは政府部門に留《とど》まりません。グローバルな経営のトレンドと、ジェンダー問題の関係を象徴的に示すのが「30％Club（サーティパーセント・クラブ）」の設立と拡大です。

30％Clubは、今から10年前、2010年に英国で始まった、上場企業の女性役員比率30％を目指す取り組みです。意思決定層に多様な人がいることで、より良い経営判断ができる。それが組織の長期的な成長につながる、という信念から生まれました。

世界を見渡せば、ビジネス界と女性リーダーに関する取り組みはたくさんあります。30％Ｃｌｕｂが他と決定的に異なるのは、ビジネスの世界で主流にいる男性の行動変容を目指していることです。

そのため、メンバーを主要企業のトップ、つまり会長、社長、ＣＥＯといった人々に絞っています。加えて機関投資家が、女性役員を増やす取り組みを支援しています。法律による強制や行政の規制ではなく、企業の自主的な取り組みや資本市場の構造を生かしていることが大きな特徴です。

発足当時、ロンドン証券取引所に上場している企業のうち、株式時価総額トップ１００の企業における女性役員の割合は12・６％でした。それが８年後の２０１８年には30％になり、当初目標を達成したのです。30％Ｃｌｕｂはオーストラリア、ブラジル、カナダ、チリ、東アフリカ、香港、アイルランド、イタリア、日本、マレーシア、湾岸協力理事会、南アフリカ、トルコ、英国、米国と世界15カ国・地域に支部ができています。

欧米先進国のみならず、中東や東南アジア、アフリカ、南アメリカ等の新興国にも広がっていることから、ジェンダー格差の縮小はグローバルなビジネスの関心事であることが分かるでしょう。

## 日本支部は２０１９年に発足

日本でも２０１９年5月1日に「30% Club Japan」が発足しました。目標は、ＴＯＰＩＸ１００の取締役会に占める女性割合を２０２０年に10%、２０３０年に30%にすること。経営トップがその目標にコミットし、機関投資家・政府・メディア・経営層に特化した人材紹介会社・大学等の主要な関係者が協力する「統合的アプローチ」をとっており、チェアは資生堂の魚谷雅彦社長が務めています。

私は運営委員のひとりとして、日本支部を立ち上げたコンサルティング会社デロイト トーマツ コンサルティングのGender《ジェンダー》 Strategy《ストラテジー》 Leader《リーダー》である只松美智子さんと一緒に、対外発信やコミュニケーション戦略を立案、助言と実行のお手伝いをしています。

２０２０年5月25日には、30%Ｃｌｕｂとして、新型コロナウイルスの感染拡大防止のため、外出自粛が1カ月半以上続く中で「コロナ危機を乗り越え成長を実現するために今こそダイバーシティ経営を」と題した対外メッセージを発信しました。

そこでは「ダイバーシティ経営」を「ポスト・コロナにおいて成長を実現していく上で、多様な人財を活《い》かし、その能力を最大限発揮する環境を整備すること」と位置付けた上で、多様性がもたらす危機管理能力の向上や創造性の発揮について再確認しています。

また経済合理性の話に留まらず、人権や公平性にも言及していることが特徴です。例えば災害や公衆衛生上の危機といった有事の際は、ふだんから弱い立場にある人が、より大きな影響を受けやすいため「従業員それぞれに及ぼす影響の差異に配慮」するのが大切であること。また、在宅勤務が広がる中、家事・育児・介護を女性が主に担う性別役割分担を是正するため「男性従業員の家事・育児・介護を応援するための労働環境整備」が必要であると言っています。

コロナ危機で企業、個人共に、持てる者と持たざる者の格差が顕著になりました。もともと利益率が高く、内部留保が厚い組織は、コロナの影響も小さい一方で、少子高齢化で顧客が減少し、財務に余裕がなかった企業は倒産や廃業に追い込まれています。このような状況下では、まさに長期的視点で成長できる持続可能な経営が必要です。

加えて、30% Club Japanでは、チェアの資生堂社長・魚谷さんの呼びかけで「ＴＯＰＩＸ社長会」が結成されました。メンバー企業の社長のみが集まり、胸襟を開いて自社のジェンダー課題を語りあう貴重な場です。第1回は12名が参加し、第2回にも17社の全員が参加しました。

特に2回目はコロナ危機で外出自粛が続く中、オンライン会議システムＺｏｏｍを使って開催し、味の素、アステラス製薬、ＡＮＡホールディングス、花王、キリンホールディングス、資生堂、新生銀行、第一生命ホールディングス、大和証券グループ、テレビ朝日、電通グループ、東京海上ホールディングス、日立製作所、ユニ・チャーム、ライオン、りそなホールディングス、ローソンの社長または会長が揃《そろ》いました。

議論の要旨は30% Club Japanのウェブサイトに公開されています。中には、1回目の社長会を受けて自社の内情を調べた結果、社内ポストに男性の「優先席」と女性の「指定席」が存在することが分かった、という話もありました。また、女性特有のライフイベントを想定し、入社後早いうちに女子社員が仕事のやりがいを感じられる経験をする必要性や、女性管理職を増やすために採用自体を見直す必要があるといった意見が出たそうです。

非常に多忙な社長・会長がジェンダー問題を真剣に議論する場は珍しく、変化を期待できそうです。2019年5月に始まった取り組みが、約1年後の現在ここまで大きな流れになっていることは、希望が持てます。今後、例えば30%Clubメンバー企業であることが、採用で有利に働き、優秀な学生が集まるようになれば企業が多様性を推進するインセンティブが強まるはずです。

30% Club Japanを立ち上げた只松美智子さんは「日本の持続可能性に危機感を抱いて様々な活動を行っています」と言います。只松さんは企業に経営の助言を行うコンサルタントとしてキャリアを積んできました。経営や日本経済、社会の持続可能性という観点から「ジェンダー平等の実現は最も効果が高い領域のひとつであるにもかかわらず、取り組みのほとんどが効果を上げていなかった」と見ていたのです。

考えた結果、只松さんは英国など各国で成果を上げてきた30%Clubを日本でも作ろうと思い立ちます。

「30%Clubを日本で立ち上げたいと思ったのは、そのアプローチがジェンダー課題の本質を解決する取り組みであるということと、また既に多くの国でその効果が実証されていた点からです」

特にジェンダー格差が埋まらない本質的な課題のひとつは、企業や政府など重要な意思決定機関の多様性が低いこと、その結果、ガバナンスが低下していることだ、と捉えました。リーダー層の人員構成から変えていこうとしているところが、30％Ｃｌｕｂと他のジェンダー関連の活動の大きな違いです。

只松さんがすごいのは、ゼロをイチにして、5、10へと育てたことです。30％Ｃｌｕｂを日本でも作りたい——と彼女が数年前に思いついた時、何人もの人から「日本では無理だ」と言われたそうです。20年以上、仕事と女性に関する取材執筆をしてきた私も、実を言うと30％Ｃｌｕｂの趣旨を最初に聞いた時は半信半疑で「そんなことができるのだろうか」と思ってしまいました。

一方、只松さんは「これまで、コンサルタントとして企業が抱える複雑で難しい問題に解決策を提案してきました。そのため『どうしたら解決できるか』だけを考えることが体に染みついています」と言います。

「できない理由ではなく、どうやったらできるか？　しか考えていません。30％Ｃｌｕｂ

の立ち上げについても同様で、多くの人から『難しい』と言われる中、ただ淡々と『どうやったら実現できるか』しか考えていなかったように思います。それはほとんど無意識です」

私は日本支部の発足4カ月ほど前に、運営委員としてこの取り組みに加わりました。ミーティングでは、毎回、企業訪問のリストが共有されており、回を追うごとにメンバーが増えていくのを目の当たりにしました。

30％Ｃｌｕｂは各国支部を立ち上げる際、一定数の「メンバー」を確保しておく必要があります。つまり、日本支部を作る前に、大手上場企業の経営者数名にメンバーになってもらう必要があったのです。企業訪問リストには、誰がいつ、どの企業の誰を訪問したのか、する予定なのか、また訪問時の感触などが記されていました。

また、私が主に担当しているコミュニケーションの分野でも、只松さんは明確な目的を持ち、必要な手段を全て試みて着実に成果を上げていきます。希望や不満を口にするだけでなく、具体的な目標を立て、実現に役立ちそうな手段を検討し、できることは全てやってみる。只松さんの姿勢と行動から学んだことはたくさんあります。

今、30% Club Japanは社長会や機関投資家のグループという大きな推進エンジンを備えて、前に進んでいる状態です。この流れを踏まえると、ビジネスパーソンとしてあなたができること、すべきことは明確です。

読者のみなさんの中に上場企業で働いている方がいたら、近い将来、あなたの勤務先でも社長や会長が30%Clubのメンバーになるでしょう。そして、管理職であるあなたは「役員候補になりそうな若手／中堅女性社員のリストを作って下さい」という指示を受けるでしょう。

その日が来た時に慌てないですむよう、日頃から性別を問わず部下を育成し、昇進させたい部下のリストを作る時は、男女半々にしたり、せめてどちらか一方の性が3割に達したりするようなジェンダーバランスを考えるようにしてみて下さい。

## ＥＳＧ投資というプレッシャー

経営とジェンダーを考える際、大きな変化は、年金などの長期資金を運用する機関投資家が企業に女性役員登用をするように働きかけるようになったことです。

近年、注目されている考え方にESG投資があります。これは、環境（Environment）・社会（Social）・企業統治（Governance）といった非財務諸表に着目して投資先を決めること。短期的な収益性だけでなく、持続可能で長期的な収益につながることが期待されています。特に、年金基金など長期で資産運用をする機関投資家は、非常時にも大きな損失を出しにくい、多様性のあるリーダー層に率いられた企業を好むようになっています。

世界トップスリーの資産運用会社、ステート・ストリート・グローバル・アドバイザーズ（SSGA）は、2017年の3月8日、国際女性デーの前日に「恐れを知らない少女（Fearless Girl）」の銅像をニューヨークの金融街ウォールストリートに設置しました。これはリーダー層の大多数を男性が占める金融業界にジェンダーの観点で多様性推進を求める意味を持ったものです。設置された像は大きな話題を呼び、周囲で写真を撮る人が多数あらわれ、広告キャンペーンとしても高く評価されています。

SSGAが女性取締役がひとりもいない企業に働きかけを行った結果、3年間で世界681社が新たに女性取締役を登用したり、することを決定したりしています。米国では495社、日本では101社、カナダ33社、オーストラリア30社、英国13社、残り9社は英国を除く欧州の企業が該当します。なお、日本では２０１７年3月以降、女性取締役がいないと同社が見なしたのが２９５社でした。３分の１は機関投資家の働きかけを受けて変化したことになります。

なお、ＳＳＧＡは30%Club Japan発足当初から、機関投資家で作る「インベスター・グループ」として活動しており、議決権行使や投資先企業との対話を通じたジェンダー・ダイバーシティの推進に大変、積極的です。

日本では、２０１９年12月、１６０兆円以上を運用するＧＰＩＦ（年金積立金管理運用独立行政法人）が30％Ｃｌｕｂのインベスター・グループに加入しました。プレスリリースで、ＧＰＩＦは「投資先企業の取締役会に対して、組織のあらゆる層におけるジェンダー・ダイバーシティとジェンダー平等を促進するためのベストプラクティスの共有等を行います」と記しています。

さらに、今年7月末には世界最大の資産運用会社ブラックロックの日本法人ブラックロック・ジャパンが30%Club Japanインベスター・グループに加わりました。大きなお金の流れが変わっていくことで、さらに企業経営に与える影響も変化していくのです。

## 和菓子店の例で考えるメンバーシップ型人材マネジメント

なぜ、日本企業に女性のリーダーが少ないのか。これは研究の蓄積が厚い分野です。本書では分かりやすくするため、和菓子店と洋菓子店の比喩で考えてみます。和菓子店は日本型雇用、洋菓子店は欧米型雇用を表します。

日本型雇用は、次のような比喩で説明できます。

和菓子店Aで働くBさんは、入社した時から「だんご事業部門」の製品開発部で働いています。美味《おい》しいだんごを作るため、どんな粉を使ったら良いか、また餡《あん》に適した小豆と砂糖の配合についてなど、本社近くにある研究所で、十数年にわたり研究してきました。

ところがある年の夏、酷暑が続いて餡製品が売り上げ不振に陥ります。和菓子店Aは、だんご、大福、ようかんなど小豆を使った甘いお菓子が主力でしたが、暑すぎて全く売れなくなってしまったのです。会社は様々な策を検討した結果、甘い餡を使った和菓子の部門を縮小し、代わりにせんべい部門を強化することにしました。暑くても、塩辛いものなら売れるのではないか、と考えたからです。

Bさんの所属するだんご事業部門の製品開発部も人員削減が行われた結果、Bさんは「せんべい事業部門」へ異動することになりました。しかも、製品開発部ではなく、せんべいに適したコメを調達する購買部に配置換えになったのです。勤務地は本社ではなく、コメの生産が多い新潟県にある支社になりました。

長年やってきた研究開発の仕事を離れることにBさんは少し不安もありましたが、幸い、家族は「冬にはたくさんスキーができる」と喜んで新潟への引っ越しにも前向きです。子どもたちも「お父さんのお仕事内容が変わったから、転校は仕方ないね」と受け入れてくれました。

これは、日本企業ではよくある人員の配置転換と言えるでしょう。

## 洋菓子店の例で考えるジョブ型人材マネジメント

一方、洋菓子店Cの人材マネジメントはこんな具合です。Dさんはパティシエとして修業した後、Cの主力商品である様々なケーキを作る部門の責任者として働いています。生クリームや果物を使ったケーキやタルト等、様々な種類の生菓子を作ったり、部下を育成したりしています。

ある年の夏は酷暑で、洋菓子店Cも売り上げ不振が続いていました。暑すぎると人々はケーキをあまり食べません。辛うじて売れるのはゼリーでしたが、単価が安いため店の収益は落ちる一方です。

そこで、洋菓子店Cの経営者も主力商品を大きく変える決意をします。ケーキ部門を思い切ってやめて、新しくシャーベット部門を作ることにしたのです。Dさんたちパティシエは、入社時の雇用契約書の職務規定にケーキ部門で生菓子を作る、と書いてありました。ですから、ケーキ部門がなくなることは職場を去ることを意味します。

洋菓子店Cは新しく、シャーベット作りの技能を持つEさんを採用しました。Eさんは果物を使った様々なシャーベットを作り、街の小さな店舗で売った経験があります。それでは、Dさんたちはどうなるのでしょうか？

Dさんは、これまで生菓子を中心に作ってきましたが、これからは冷たいお菓子を作れる技能が必要だと考え、新たに学校へ通うことにしました。役所で失業手当の申請をした際に渡された書類があると、仕事のために学ぶ費用を助成してもらえます。もともとお菓子作りの素養があったDさんは、3カ月間通学して美味しいソフトクリームを作る技能を学び、別の洋菓子店Fに再就職して、今はソフトクリーム部門の責任者として活躍しています。

## メンバーシップ型もジョブ型も一長一短

単純化しましたが、この対比は日本の「メンバーシップ型雇用」と欧米の「ジョブ型雇用」を大まかに説明したものです。和菓子店で働く利点は、雇用が安定していることです。部署の業績が悪化しても別の部署に異動すれば、解雇されないからです。洋菓子店で働く利点は、自分の得意分野を生かせることです。仮に会社都合で解雇されても、新しく需要のある分野について学び、その技能を生かして再就職ができます。

どちらにもマイナス面があります。和菓子店の場合、異動先で担当する仕事が希望に合うとは限りません。また、異動に伴い、引っ越しが必要なくらい遠くへ行かなくてはいけないことも珍しくありません。会社は雇用を守る代わりに社内のどこにどの人を配置するか決める権限を持っています。

そして、もし和菓子店で働くBさんが共働きだった場合は、配偶者は引っ越しで仕事を辞めざるを得ません。子どもが転校を喜ばない場合も多いでしょう。

洋菓子店のマイナス面は、雇用が必ずしも安定していないことです。個人として頑張って成果を出しても、部門丸ごと人員整理の対象になったり、他の会社に売却されたりすることもあり得ます。常に自分の技能を磨き、市場で通用するようにしておくのは、心理的にはプレッシャーがかかります。

まとめてみると、どちらの人材マネジメントも一長一短だと分かります。そして、和菓子店は片働き家庭に向いており、洋菓子店は共働き家庭に向いていることも理解できると思います。

和菓子店Aのような人材マネジメントは、長期的に雇用を保障する代わり、キャリアの自律性は低くなります。結婚や出産などのライフイベントで、いったん職場を離れることが多い女性には不利と言えるでしょう。

一方の洋菓子店型は、共働きに向いています。ある外資系企業で管理職をしている女性は、前の勤務先では「部門丸ごと切られる経験」をしています。また、海外に留学する際、夫が仕事を辞めてついてきてくれたこともあります。

このように、夫婦それぞれが性別に基づく役割分担ではなく、個人のキャリアを考え、ある時は自分を別の時は配偶者を優先するような働き方は、洋菓子店型の雇用が馴染《なじ》むのです。

## 支配人の女性比率9割超「東横ＩＮＮ」

ここまで、グローバルな変化の影響を受けてジェンダー平等を重視しつつある経営の状況や、ジェンダー平等のボトルネックになる日本型（メンバーシップ型）の雇用慣行について見てきました。本章の最後に、私がこれまで取材してきた中で、最も女性が活躍している日本企業について記します。

新幹線が停《と》まる主要駅のそばで、よく見かける青字の大きな看板があります。ビジネスホテルの「東横ＩＮＮ」。国内外に３２０店舗、６万９０００室余りを持ち、売上高は９４７億円（２０２０年3月期）。国内では高知県と佐賀県を除く45都道府県で、海外は韓国、モンゴル、カンボジア、フィリピン、ドイツ、フランスで事業を展開しています。

特徴は宿泊に特化し、レストラン部門や宴会場は持たないこと。効率的な経営で宿泊費用を抑えています。会員カードを作ると、いつでも5%割引、10泊すると1泊無料になるなど、常連客をつかむ仕組みが上手です。

また、朝食は無料でついており、工夫したメニューを出しています。地元のプロ野球チームが勝った翌日はお赤飯を出したり、体力を使う仕事をする人が多く泊まる店舗では腹持ちのよいカレーを出したり、店舗ごとに工夫しています。

私は出張が比較的多いため、東横ＩＮＮをよく利用しており、ある時、フロントに貼ってある支配人の写真を見ていて「女性が多い」ことに気づきました。

客室に置いてあった社長の著書を読んで、東横ＩＮＮの支配人の9割以上が女性であると知りました。ホテルの支配人といえば、24時間働いているイメージがあります。客室で使う備品や朝食の食材を調達し、ホテルで働く何十人ものスタッフを採用してマネジメントする。時に宿泊客からのクレームにも対応し…想像するだけで大変そうです。

第5章で記したように、日本企業に女性管理職が少ない理由を尋ねると「女性は昇進したがらない」と言われることがよくあります。だから、女性管理職が少なくても仕方がない…そんな話を聞いてきたため、東横インで「支配人の9割以上が女性」になっている理由が気になりました。

ある時、東横インの黒田麻衣子社長を囲む記者懇親会に出席しました。黒田社長は創業者の娘で、もとは主婦として家事育児に専念していたといいます。女性支配人たちの多くがホテル業未経験者や専業主婦だったと聞いて、驚き、ふたりの支配人に詳しく話を聞くことになりました。

## 洋菓子店の接客担当から支配人へ

まずはホテル業未経験から支配人になった中野享恵《たかえ》さん。中野さんは兵庫県にある「姫路駅新幹線北口」で支配人を務めています。2010年、30代終わりで東横インに入社しました。それまで、17年間、家族経営で洋菓子店を営んでおり、家庭の事情で転職を考えた時、新聞のチラシで見つけた東横インの支配人補佐という仕事が目に留まりました。「接客の経験を生かせそう」と中野さんは考えます。

入社後は、接客の経験を生かしつつ、未経験だった事務をイチから教えてもらったそうです。経理の知識はなかったものの「やってみたら、お金の管理がけっこう好きだと気づきました。数字はうそをつかないですし、ぴったり合った時には仕事を完結できる喜びがあります」。

「支配人の仕事は自営業の延長」と捉えており、地元商工会との交流や接客では前職の経験が生きています。特に役立ったのはクレーム対応の経験でした。

「自営業の時は17年間、クレーム対応を全て自分でやりました。お客様からお電話を受けて許していただけるところまで、時に、遠方まで車で赴いて返品・交換をしたこともあります。お店の看板を自分たちだけで背負う自営業に比べると、東横インは既に築いたブランドがあるうえ、本社や先輩支配人の方々から教えていただけるので精神的には楽かもしれません」

## 45歳ゼロスタートで支配人に

専業主婦から支配人になった人もいます。平野ひとみさんは、現在「仙台東口Ⅱ号館」と「福島駅東口Ⅱ」の支配人。福島の店舗へは自宅のある仙台から新幹線で30分弱かけて通勤しています。入社は２０１７年。それまでの20年間は、主婦として家事育児に専念していました。

「ずっと、外に出てみたいと思っていました」と言います。東横インに入社する前は半年間、タリーズコーヒーでアルバイトをしていました。同僚は大学生やフリーター。ある時、同僚の大学生が一斉に就職活動を始めたことに気づきました。

「就活ってどうやるの？」と尋ね、関心を持って動き始めた時、出会ったのが東横ＩＮＮの支配人募集のＷｅｂサイトでした。「45歳の時です。未経験でも受け入れてくれる職種が限られていましたし、まさか入れるとは思っていませんでした」。

２カ月間の研修期間中に、社会人としての仕事のしかたをゼロから覚えていきました。「文書には日付を入れること。インターネットで検索すること、メールをやり取りすることなど、全てが初めてでした」。

パソコンで仕事をすること自体がほぼ初めてだったという平野さん。大変ではありませんでしたか、と尋ねると「家の外に出ていろんな人と触れ合うのは楽しかった」と笑顔で答えてくれました。

「会社には様々な専門知識を持つ人がいて、もしパソコンが動かなくなったらＩＴ関連のグループ会社の人がリモートで直してくれます。私はこの時期、離婚したり就職したり、周囲の状況が大きく変わりました。はたから見れば大変そうだったかもしれませんが、自分では楽しく選択してきたと思っています」

支配人として最初に着任したのは仙台の店舗でした。フロント、客室清掃係、朝食係など全てのスタッフが自分よりベテランです。最初のあいさつで、平野支配人は皆にこう言いました。

「私は何もできないけれど、責任は取ります」。

これは、実のところ、マネジメントの職務の本質を捉えた発言でした。管理職の仕事は、部下のやる気を引き出して働いてもらい、成果を上げ、最終的な責任を取ることだからです。「経理、総務など支配人の責任分野は幅広いです。毎日様々なことが起きて忙しかったけれど、本当に充実していました」。

友人たちからは「今の仕事は平野さんが本来持っていたものを生かせている」と言われるそうです。

「これまで20年間、妻や親として、周囲の人のことを優先するのが役割だと思って生きてきました。実際、子どもは一生懸命、育てました。そんな中で、どこかで家の外に出たい気持ちもあった。支配人の仕事で社会に出たことで、私らしさが全開になっている感じがします」

平野さんの話を聞いていると、日本全国に能力とやる気を持ちながら働く機会を持てずにいる女性が生かされる職場がもっと増えたらいいのに、と思わずにいられません。

## 「人で苦労した体験」も評価対象

中野さんと平野さんで経歴は異なりますが、共通点があります。

まず、ふたりとも、ホテル業は未経験であること。そして、自ら希望して支配人になっていること。最も重要なのは、数えきれないほど起きる仕事上の課題を前向きに乗り越えており、楽しんでいるように見えることです。

こういう女性たちが生かされ、リーダー職に就き活躍できるのは東横インの人材マネジメントに独自性があるためです。

採用においては、未経験者を歓迎しているのが特徴です。興味深いのは勤務経験ではなく「人で苦労した体験」を尋ねること。これは黒田社長の方針で「人間関係の苦労とそれを乗り越えた経験、そこから学んだもの」を聞いて、その人が東横インの仕事に向いているかひとつの判断材料にしているそうです。ここでは年齢や、長い間労働市場を離れていたことは、不利に働きません。むしろ、家族や親戚、地域やPTA活動で人と触れ合った経験が全て評価の対象となります。

そして、支配人になるのは、会社からの命令ではなく本人の希望に基づくことも重要です。中野さんは当初「支配人補佐」として入社しました。この時点ではまだ、自分が支配人になることは考えていなかったのです。

その後、ある支配人の働きぶりを見て、ものすごく忙しいのに、楽しそうに生き生きと働いていること、人柄も素敵で尊敬できたことから「こういう風になりたい」と考えるようになりました。身近なロールモデルの存在や、本人の意欲を尊重する人材戦略が生きているのです。

さらに、支配人になった後のメンタリングや情報共有の仕組みも重要です。中野さん、平野さん両方のお話に何度も出てきたのは、同じ地域の他の支配人に分からないことを尋ねて教えてもらえること、そして「委員会」の存在です。

東横ＩＮＮの支配人は、自分の店舗の人事管理や収益などの責任を持つだけでなく、全社レベルの経営改善にも関わります。例えば客室をより魅力的にする、原価率を下げるなど、テーマごとに委員会が設けられて、支配人たちはそうした委員会活動にも携わっています。支配人業務をしていて分からないことは、こうした委員会に尋ねることもできますし、委員会活動を通じて、近隣だけでなく全国の支配人と交流することができます。

中野さんは、嬉《うれ》しい時はスタッフと一緒に喜びますが、マイナスの感情は表に出さないようにしています。「その方が、スタッフが安心して話しかけてくれます。悪いことが起きた時も情報がすぐ入ってくるため、早めに対処できてマネジメントしやすくなるのです」。

平野さんは最近、地元商工会などに積極的に営業に出ています。新型コロナウイルスの影響で観光客が減ったことに対応した取り組みです。最初は「営業ってどうすればいいのか分からない」と思いましたが、先輩支配人から「まずは名刺を持ってご挨拶に行けばいい」と助言をもらうと、すぐに行動を開始しました。

能力が高くやる気がある女性でも、30代後半、40代に入ると再就職や転職は難しいのが日本の現状です。特に地方都市では、夫の転勤などを機に仕事を辞めて家庭に入ったものの、再び働きたい、という女性の声をよく聞きます。

年齢や経験ではなく、やる気と能力を見抜き、生かす東横インのような人材マネジメントがもっと広がれば、眠っている女性の能力が生かされ、企業経営にとってもプラスになるはず。全国にいるはずの中野さん、平野さんのような女性たちにチャンスが増えてほしいと思います。

# 第7章 ジェンダー平等と家庭

ジェンダー問題に関心を持つきっかけは人それぞれです。この章では、一番小さな社会の単位である家庭の中で、ジェンダー平等を実現するためにできることを考えます。

## 「これ、おかしくない？」気づいたら親子で話そう

我が家では「ジェンダー」という言葉を子どももよく使います。

ある時、こんなことがありました。小学3年生の娘が音読の宿題を持ち帰ってきた時のことです。「きつつきの商売」という物語で、「音」を売る森のきつつきと、野ねずみ一家の会話を聞いていました。野ねずみたちは「たちつぼすみれの葉っぱ」をかさにしており、とても可愛《かわい》らしいお話です。

「…『朝からの雨で、おせんたくができないものですから。』母さんねずみが言うと」

と、ここまで音読した娘が言いました。

「あ、これ、ジェンダーだね」

「え？　今、何て言った？」私が聞き直すと娘は言います。

「だって、お母さんだからお洗濯っていうのは、ジェンダーでしょ」

家事をするのは女性の役割――という発想を、性別に基づく役割意識、つまり「固定的性別役割分担」と呼びます。「女性は家で家事育児をするべき」という考え方と「男性は外で働き家族を養うべき」という考え方はセットになり、本人の意思や希望、得意不得意に関わらず「性別」に基づいて、やるべきことが決まります。これを「ジェンダーに基づく決めつけ」とか「ジェンダー規範」と呼ぶこともあります。

我が家はふだんから、父親も母親も家事をしています。夫が料理をしていたら私は洗濯物を片づける、食事の後の食器片づけは、食事を作らなかった方が責任を持つのが暗黙の了解になっています。

そのため「子育ては女の人が向いている」といった言説には、息子も敏感に反応します。小学1年生の頃、クラスメートが赤ちゃんの弟とお母さんと一緒に学校に来た時のことです。赤ちゃん好きの息子は早速近くに行き、あやしたり遊んだりしました。

すると近くにいた同級生の女の子に言われたそうです。

「赤ちゃんの世話は女の人がやることだよ」

黙って引き下がる息子ではありません。

「誰が決めたの？」

即座に言い返すと、その子は下を向いて黙ってしまったそうです。男の子や男の人が、赤ちゃんや子どもの世話、料理や掃除などの家事が得意だったり、女性より上手だったりするのは珍しいことではありません。

これから子育てに関わる大人たちは、子どもたちがやりたいこと、得意なことを性別に関わらず、できる環境を作ってほしいです。そして、男性も女性も、大人も子どもも「ジェンダーに基づく決めつけ」をしている可能性があることを踏まえ、身近な人と「小さな違和感」をシェアしてほしいと思います。

社会が変わるのには時間がかかりますが、私たちが望み、口に出し、行動することで少しずつ変化していきます。家庭が果たす役割は大きいのです。また、長期休暇などで親戚が集まる時、たまに会うおじさん・おばさんとして、違う視点を提供してあげることもできそうです。

## 「男の子だから泣かない！」と言っていないか

ジェンダーに関する講演をする時、私は最初にいくつか質問をしています。まずは「ジェンダー」という言葉を聞いたことがあるかどうか。そして、使ったことがあるかどうか。「ジェンダーに基づく差別」を見たり聞いたり、自分自身が受けたことがあるかどうか。

今では制度化された差別を感じる場面は少ないようで、多くの人が首をかしげます。そこで、こういう風に尋ねます。

「『男の子だから、泣くんじゃない！』と言われたことはありますか？」

地域や世代によって差がありますが、20代30代の男性も、この質問には手を挙げる人が出てきます。みなさんは、こういう風に言われたことはあるでしょうか。または、言ったことがありますか。

ジェンダー分野で使われる概念に〝toxic masculinity（有害な男性らしさ）〟というものがあります。「男らしさ」を構成する要素の中の良くないものを批判的に見てみよう、という考え方です。例えば、いわゆる「男らしさ」に含まれる要素の中でも「弱いものを守ろうとすること」は肯定的に見ることができます。

一方で自分自身の弱さを隠したり、ないことにしたりすると、どこかでつじつまが合わなくなってしまいます。「男だから泣くな」を守ろうとすると、自分だけでなく他の男性が弱さを見せることも否定的に捉えてしまい、揶揄《やゆ》したりからかったりすることにつながるからです。また、無理に感情を抑え込んだ結果、自分より力が弱い人（例えば女性や子ども）に対して暴力を振るい、高圧的な態度をとることにもつながります。

「有害な男らしさ」は、このように自分が無理をしたツケを、他者への人権侵害やハラスメントの形で解消する性質を持っています。こうした事態を避けるためには、男の子や男性も、自分の感情を出せるような環境を意識して作っていく必要があります。具体的には、女の子が泣いてもいいような状況であれば、男の子だって泣いていいことを、保護者が意識して口に出すこともできるでしょう。

## 40年前とは様変わりの小学生

私自身が見聞きした範囲では、男の子の育てられ方は、私の子ども時代と比べて変わってきたように思います。娘が小学校に入学した時に感じたのは、同級生の男の子たちが可愛らしいことでした。道で会えば「あ、○○××ちゃん！」とフルネームで呼んで娘に挨拶してきます。

「△△ちゃん大好き」といった具合に、女の子に対する好意を自然に示す男の子も少なくありません。女の子をからかったりいじめたりする男の子に対して、娘のクラスでは、ある男の子が「女の子をいじめるな！」と立ち向かったこともあります。その男の子は「クラスの女の子たちが大好き」なのだそうです。娘も「◎◎くんは、女の子が大好きなんだよ。可愛いね」と言っています。

このような現象は、私が小学校に入学した1980年代に通った首都圏の公立小学校では見たことがありませんでした。男子と女子は常に分かれており、お互いを何となく意識しつつも関わりを避ける雰囲気があったからです。

しかし、このような「昭和の常識」はなくなりつつあるようです。

少子化や親の価値観の変化で、男女問わず子どもは「可愛い」と言われて育つことが多いのかもしれません。友達に対して親愛の情を自然に示す男の子たちの保護者を見ていると、そんなことを感じます。

12歳になる息子も同様です。保育園時代、一緒に遊んでいた友達と同窓会で会うと「△△ちゃん、すごく大きくなったね」と感心していたり「○○ちゃんは、すごく強くてカッコイイんだよ」といった話をしています。

小学校高学年に入ると同性同士で遊ぶことが増えたものの、「今日は、誰と遊んだの?」と尋ねると、仲良しの男の子数名に加えて女の子の名前を挙げることもあります。「今日は女子もけっこう来たから一緒に遊んだ」と話してくれるのを聞くと、良い意味で時代は変わってきたな、と思うのです。

私が小中学生時代を過ごしたのは、神奈川県川崎市北部で、今住んでいるのは東京の郊外です。地域は多少違いますが、共に東京通勤圏のベッドタウンという共通点があります。

私も子どもたちも、地元の公立小学校に通いました。35年ほどの年月で、子どもたちが性別を過度に意識せず、お互いを尊重するようになってきたように思います。

みなさんの周りにいる子どもたちは、どんな様子でしょうか。

## 大人になっても弱音をはけない「男の子」

こんな風に、今の子どもたちについては、個人の尊重やジェンダー平等が広がりつつあるようです。

一方で、大人世代はどうでしょうか。「男だから○○しなきゃ」と無意識のうちに思い込んでいることはないでしょうか。

頑張りすぎて、自分が無理をしていること、辛《つら》いことに気づかずに過ごしている男性は少なからずいます。

かつて、知り合いの男性から家庭内の悩みについて聞いたことがあります。妻が家を出て別の男性のもとへ行ってしまった、という状況で、その男性はお子さんを育て働きながら離婚調停をいかに進めるか、考えあぐねていました。

彼の側に借金や暴力、浮気といった問題がないことを知っていたので同情するしかなく、話を聞いていました。ひととおり話し終えた時の彼の言葉に驚きました。

「こんなことを話して、ごめんね」

謝る必要は全然ないし、誰がどう見ても今のあなたは大変で辛いと思う。私の仕事の愚痴をいつも聞いてくれるでしょう。友達なら、辛い時に話を聞くのは当たり前だよ——。そんなことを言いました。

私は信頼している友人には自分の抱えている問題を含め色々、正直に打ち明けます。女友達同士だと「ねえ、ちょっと聞いてよ」とか「この間、すごく腹が立つことがあってさ」から始まるお喋《しゃべ》りで感情を共有するのが当たり前です。そもそも、辛い時、悲しい時に話を聞いてくれたり、一緒に怒ったり悲しんだりしてくれる人こそ、本当の友達ではないでしょうか。

一方で、男性と話をしていると、自分の感情を外に出すことを躊躇《ちゅうちょ》しているのかな、と思うことがあります。自分と年の近い人と話をしていて、この人は感情にブレーキをかけているな、と気づく時、もしかしたら子どもの頃「男の子は泣くものじゃない！」と言われてきたのかな、と考えたりします。

同性同士だと、正直になれるかもしれませんが、大人の男性はもう少し、喜怒哀楽の感情、特に「辛い」とか「大変なんだ」という自分の弱さを他人と共有した方がいいと思います。かつて縛られていた「男らしさ」の規範は、時代を経るに従って、弱くなっているからです。

## 家計責任を担うのは楽ではない

私自身が働いて家計責任を担い、家事育児をするようになった今思うのは、性別役割分担に基づき様々なことが決まっていた時代の男性たちの人生と心情です。それは決して楽なものではなかったでしょう。

男だから、当たり前のようにやりたいことを諦め、かなりの金額を稼ぐことを期待される。強固なジェンダー規範に縛られて生きてきた男性たちは、表面的には経済的に自立し、威張っているように見えるかもしれません。その中には、何のために生きているのか分からないという孤独と焦燥感を抱いていた人も少なからずいたはずです。

ジェンダー問題を考えることは、女性の人権や自己決定の問題を考えることであると同時に、男性をATM（現金預け払い機）的役割から解放し、人間に戻す試みでもあると私は思います。

厚生労働省と警察庁の調べによれば、2019年の自殺者は2万169人。男性が1万4078人と女性の倍以上です。自殺理由を年齢・性別に見たところ、経済・生活問題で自殺する人は3395人、そのうち男性は2980人で88%を占めています。そのうち働き盛りの30代〜50代男性が1878人となっています。男性だけが経済責任を負うジェンダー規範は、男性も不幸にする要素として、見直す必要があるのです。

## 子どもの頃から始まる「我慢」の準備

それでは「男性が経済力を持つべき」というジェンダー規範はいつ頃から生まれるのでしょうか。

2019年11月、首都圏に住む30代の母親3名と座談会をしました。全員が乳幼児から小学生の母親で「男女平等な教育」に関心を持っていました。

彼女たちの悩みは、夫や姑《しゅうとめ》が子どもに語りかける際のジェンダー・バイアスでした。例えば、室内遊びが好きな男の子に父親が「男の子だから、キャッチボールをしよう」と誘う。誘われた男の子はキャッチボールに興味がないけれど「パパがせっかく言ってくれるから、付き合ってあげないと悪い」と思っています。妻としては、ふだん忙しい夫がせっかく子どもと遊ぶのに水を差したくないけれど「男の子だから」と決めつけて息子の希望を尊重しない夫の態度に疑問を抱いています。

また、少なからぬ母親が傷ついていたのが「孫は男の子であってほしい」と望み、それをあからさまに口にする姑や親族の言葉でした。嫁の立場では言い返すことができません。大都市やその郊外で暮らす核家族にとって、子どもは元気でいてくれたら、性別は関係ないと思うものですが、地域によっては「跡継ぎの男の子」を期待する時代遅れな発想がまだ根強いようです。

さて、こんな風に「男女平等」を望んで実践しながら、時々、家族・親族の発言にモヤモヤを感じる母親たちから、一歩つっこんだ話を聞きました。それは、彼女たち自身が持っているジェンダー・バイアスに関する正直な告白です。

「習い事のことで迷いがあります。息子はお絵かきを習っていますが、もう少し大きくなったら、きちんと塾とかに行かせた方がいいんじゃないか、と思ってしまうのです。これが女の子だったら、ピアノでもバレエでも、好きなことを思い切りやったらいいよ、と言えそうなのに」

他の参加者がうなずいて、共感の言葉を述べていたのが印象的です。

「小さいうちはいいけれど、男の子はある年齢を超えたら、勉強をちゃんとさせなきゃ、とつい思ってしまう」

「娘に対しては、好きなことをしていいよ、と言えるのに、やっぱり男女で違う対応を自分もしてしまっている…」

これは、都市部子育て層の本音かもしれません。

男の子と女の子をできるだけ区別せずに育てたい。男らしさ、女らしさを押し付けたくはない。けれども子どもの将来や幸せを考えると、やっぱり男の子は稼げるようにならないと。経済的に自立できるようにしなくちゃ。

母親たちに、そう思わせるのは社会に強くあるジェンダー規範です。それは「経済的に自立して、妻子を養えるくらい収入を得るべき」という男性に対する強い期待です。そういう社会に出て行く息子が、経済力をつけられるような教育や習い事をさせてあげないと後で困るのではないか——。

これは、個人の努力や工夫だけでは変えられない社会構造の問題です。子どもの個性を尊重し、性別に基づく決めつけをしたくない、と思っていても、現実的には難しい。これという正解はありません。あなたはどう考え行動するでしょうか。

## 「女の子は可愛ければいい」は娘を不幸にする

男の子には経済力が必要——と対になるのが「女の子は可愛ければいい」という価値観です。これは男性の経済責任と同じくらい強く社会に根づいています。特に悪気なく、性差別をするつもりもない親が、次のように話すのを耳にすることがあります。

「うちは女の子だから、勉強はそこそこで、可愛くて愛嬌《あいきょう》があればいいかな」

みなさんは、こういう意見について、どう思いますか。確かにそうだな、と思う人もいるでしょう。それはきっと、これまでの人生で「可愛い女の子」が得をするのを見てきたからでしょう。ご自身が「可愛い女の子」であり、様々なメリットを感じてきたのかもしれません。

私の経験では「女の子は可愛くて愛嬌があれば勉強はそこそこでいい」という規範が力をもつのは、中学生くらいまででした。高校に進学すると、自分と似たような学力の子どもが集まっているため、これまでのような勉強方法では良い成績は取れなくなりました。高校1年生の1学期、数学のテストで100点満点中25点を取ってしまったことは、よく覚えています。

進学校では勉強することやテストで良い点を取ることを肯定的に見る雰囲気もあり、私は前より一生懸命に家で勉強するようになりました。そして、志望の大学に入学した時、自分よりたくさん本を読んでいる人が周囲にたくさんいる環境に驚き、喜び、そして劣等感を覚えたものです。ゼミでは、多くの本を読み、人が気づかない角度から論理的に発言をする先輩を見て、それが男であろうが女であろうが「カッコいいな」と思いました。個人的な体験を踏まえ、私は女の子の学びを応援したいし、すべきという立場を取ります。

一方で「可愛いこと」そのものを否定したくない、とも思います。今、小学3年生の娘はファッションにこだわりが強く「いかにしたら自分が可愛く見えるか」、日々、鏡の前で研究を重ねています。はたで見ていて微笑《ほほえ》ましい光景です。

娘は、2〜5歳頃はピンクや薄紫などパステルカラーが好きでした。当時「可愛すぎる格好はいかがなものか」と思いつつ、本人の自主性を重視して黙って見ていたところ、小学校入学で一気に趣味が変わりました。「ピンクは子どもっぽい」と言い出し、高学年のお姉さんたちのように、落ち着いた色を好むようになったのです。

こんな風に「何を可愛いと思うか」の基準は年を経ると変わります。大事なことは、本人の意思が尊重されることでしょう。そして、本人の意思が環境の影響を受けることを踏まえ、保護者や周囲の大人が適切なアドバイスをすることだと思います。

## 「母親だから」諦めてきたことはありますか

この章では家庭で経済責任を担う男性が様々なことを諦めている、と記しました。それでは、女性はどうでしょうか。

私と同世代のある女性は、短大を卒業後、大手銀行に一般職として入社し、数年後、航空会社に転職して客室乗務員になります。学生時代はスポーツに打ち込み、とても頑張る人でした。ビジネス誌が調査する「良いエアラインランキング」記事を先輩や同僚と一緒に熟読し、自分たちのサービスで改善点がないか話し合うなど、高いモチベーションを持って仕事に取り組んでいました。

20代半ばで彼女は結婚しました。相手の男性は米国転勤が決まっていたそうです。彼についていくために仕事を辞めるか、日本に残って仕事を続けるか、彼女はとても悩んでいました。仕事にやりがいを感じていた上、夫の稼いだお金だけで暮らしていくことについて違和感を覚えたためです。

悩んだ末、退職し夫の赴任地へ行くことを決めた彼女の言葉が印象に残っています。

「仕事が楽しかったから、辞めるのがもったいないのもあるんだけど、それ以上に、自分で稼いでいないお金で生活するのって、どういう感じかイメージがわかない」

今、専業主婦となる多くの女性たちは学校を卒業した後、一定の就労経験を持っています。彼女たちにとって、結婚退職は、もはや当たり前ではありません。それでも家庭を持つと仕事を辞める人が少なくないのは、夫の転勤についていくためだったり、育児と仕事の両立が難しいためであったりします。

ある母親は、大学を卒業後、大手メーカーで広報宣伝の仕事をしていました。社内結婚した後、夫の転勤で国内の地方都市に移り住みながら、3人の子どもを育ててきました。とても優秀な人で、家庭に入って持て余したエネルギーを「手の込んだキャラ弁」を作ることで発散していたそうです。今はフリーランスでマーケティング等の仕事をしている彼女が、こんなことを教えてくれました。

「なぜ、主婦が人間関係で悩んで追い込まれていくと思いますか？　私、考えたんです。

主婦の仕事は身体《からだ》は忙しいけれど、頭が暇なのです。子どもの世話は手がかかり、あちこち歩いて足も使います。でも、頭は使わない。だから『あの人があんなことを言ったのはなぜだろう』と、延々考えてしまうのです」

幸せそうに見える赤ちゃんのいる家庭でも、母親が追い詰められている事例があることが明らかになっています。国立成育医療研究センター・森臨太郎さんらの研究により、2015年~2016年のあいだに、出産後1年未満の母親が自殺した例が92件あることが分かりました。

日本は医療が発達しており、第1章でも見たように、妊産婦死亡率の低さは世界有数です。一方で、出産後は母親がひとりで育児をする例が少なくない、という問題が見えてきているのです。

## 娘を応援したいなら父親も責任としての家事育児を

これからジェンダー平等を目指していくにあたり、重要な役割を持っているのが、娘を持つ父親たちです。ある与党の政治家と会議で話をした時のこと。彼は日本の大企業に女性役員が少ないことや、性暴力を被害者が告発する#MeToo運動に言及しながら、熱心に意見を述べていました。その理由はすぐに分かりました。彼には娘が複数いたのです。

会議では、日本政府の女性活躍政策について、ジェンダー平等を広めるための広報や啓発の工夫について議論していました。

「僕はうちの娘だったら、どんな意見を言うかな、と考えながら聞いていました」

この言葉から、彼がジェンダー問題を抽象論ではなく当事者性を持ってみていることが伝わってきました。似たようなことは、経営者からも聞きます。ある日本を代表する企業の経営者は社内の女性活躍推進に熱心です。きっかけはやはり娘さん。とても成績優秀だそうです。

「自分が経営している会社で、果たして娘が活躍できるだろうか、と考えたら、変えなくてはと思った」

とても正直だと思います。ある時、ライターの集まるパーティーで、初対面の男性から話しかけられました。彼はホスピタリティー業界を専門に取材しています。「治部さんの記事を読みました」と述べた後、この男性は「僕は、この問題について何ができるでしょょうか」と尋ねてきたのです。聞けば、小さな娘さんがいるそうで「女性が生きやすい社会にするために、何とかしたい」と思ったと言います。

このような声を、様々な業界で働く父親たちから聞いてきました。自分ができることを探す楽観的な人もいれば、日本の将来を不安に思う悲観的な人もいます。いずれにしても、彼らは「娘」という大切な存在が生きる「未来の日本」について当事者として関心を持っているのです。

この本を手に取り読んで下さっている方の中にも、同じ気持ちの人がいるかもしれません。もし「娘に将来、男の子たちと同じように活躍してほしい」と願うなら、父親が今すぐできることがあります。

あなたが家で家事や育児をするのです。「お手伝い」ではなく「これはパパの仕事」「パパの方が上手」と娘さんが思うくらい、責任を持って取り組んでみて下さい。きっと、娘さんは将来、やりたい仕事を続けられる、と自信を持てるようになるでしょう。

# 第8章

# ジェンダー平等を作るのはあなた

これまで、世界の潮流、企業の経営や現場、家庭などの観点から「ジェンダー」について考えてきました。この章では、ジェンダー格差をなくし、ジェンダー平等な社会を作るために個人ができることを考えます。

## 性別役割分担から得たもの、失ったもの

もし、みなさんが本当に現状を変えたいと思うなら、まずは自分の人生をジェンダー視点で振り返って下さい。男性は外で働き女性は家を守ることが当然視された性別役割分担の時代を、みなさんは一家の大黒柱や、ケア労働の責任者や、子どもとして生きてきたはずです。

このジェンダーに基づく役割分担の社会構造から、あなたが得たものについて考えてみて下さい。

私自身は片働き家庭で育ちました。父が専門職の会社員で、朝から夜中まで働き家族を養い、母が専業主婦で家事育児を全てやっていました。

そういう家庭で育った子どもとして私が得たものは、経済的に安定した家庭環境です。

食べものに困ったことはありませんし、学校で必要なものは買ってもらいました。

進学に際して家計が理由で制限されることはなく「女の子は自宅通学」とか「女の子は浪人しない方がいい」と言われることが多かった四半世紀前に、大学からひとり暮らしをしました。大学の学費は親が振り込んでくれましたし、親からの仕送りに加えて週2回、1回2時間、家庭教師のアルバイトをすれば生活できました。全般的に恵まれていた方です。

これが可能だったのは、父が毎日12時間以上働いたことと、母がきちんと家計管理をしつつ、習字教室の先生や産休育休代替教員として働いて得たお金を貯《た》めていたおかげです。性別に関わらず本人が望む教育を受けさせる、という両親の方針も大きく影響しました。

自分が子どもを持って気づいたのは、母が作ってくれたお弁当の質が高かったことでした。幼稚園の2年間、中学高校の6年間、私と弟はお弁当を持っていきました。肉・魚・野菜など数種類の手作りおかずを毎日入れてくれた母は、それを当然と思っていたのか、大変だ、という言葉を聞いたことがありません。

さらに、私が子どもの時、体調を崩した時は母がそばにいてくれるのも当たり前でした。

病院に連れて行ってくれたり、薬を飲ませてくれたり、熱がある時は頭を冷やすためのものを色々持ってきてくれることを、当然だと思ってきました。私は今、子育てしながら働く中で、こうしたケアを夫と分担したり、状況によっては人に頼んだりしています。

子どもとして、私が得てきたものと引き換えに、両親は相応の犠牲を払いました。父は妻子を養うため、大黒柱として働き続ける必要がありました。父が自分の希望に沿った働き方ができるようになったのは、50歳近くなってからです。

専業主婦として家族の世話を一手に引き受けた母は、キャリア形成の機会を逃しました。50代以降、地域活動で活躍する母は今では70代。周囲から「市会議員になればいい」と言われるそうですが「もう年だし、疲れるから無理」と母は関心を見せません。

本人は犠牲を払ったという意識はないようですが、もし、私たち子どもの自立が20年早かったら、私たちが何でも母に頼り切りにせず、もっと自分の身の回りのことを自分でやっていたら、母にはもっとチャンスがあっただろう、と申し訳なく思ってしまいます。

以前、そんな話をしていたら、母がこんなことを言いました。

「私自身に仕事を続けるという気概がなかったからね」

母は25歳の時、3年間勤務した小学校教師の仕事を辞めて結婚しています。当時を振り返ると「職場に意地悪な先輩がいたから、辞めたかった」とあっさりしていますが、一方で「もったいないことをしたのかもしれない」と言うこともあります。

結婚したら女性は家庭に入るのが当たり前という時代、個人の努力では仕方ないことも多かったでしょう。大切なのは、自分と同じことを次世代に求めない、ということです。

私が母に感謝しているのは、家事や育児を一生懸命にしてくれたことに加え、自分と違う生き方をしている娘を全面的に認めて応援してくれることです。振り返ってみると、私は親から「結婚しろ」とか「子どもを持て」と言われたことはありません。

## 子どもや孫の「違う生き方」を認めてほしい

今、50代、60代、70代の方々は、お子さんやお孫さん、親戚の子どもが自分とは違う生き方をしているでしょう。異性と同居するかしないか、結婚するかしないか、結婚する場合に姓はどうするのか、子どもを持つか持たないか、持つ場合は何人持つのか、育児をしながら仕事を続けるのかいったん辞めるのか。

かつては性別に基づく社会の要請に従って、あまり意識せずに一定の年齢になったら結婚したり子どもを作ったり、仕事を始めたり、辞めたりしていました。これからは、様々な生き方、働き方の中から個人が選ぶ時代です。自分と同じことを選ばない若い世代を見た時、それを、あなた自身の人生とは「別のもの」と冷静に捉えてほしいです。

あなたの生き方は尊重されるべきであり、同時に、あなたと違う選択をする人も尊重されるべきなのです。

## 管理職は採用・昇進時の無意識バイアスに気づいてほしい

読者の中には、組織で意思決定ポジションに就く人がいるでしょう。新卒採用の面接で、応募者の性別によって合否を変えた経験はありませんか。もしくは、同じ管理職同士で、そういう話を聞いたことはないでしょうか。ある企業と仕事をした時、30代男性からこんな話を聞きました。

「僕たちが、上司に話をする時、どんな風に話せば説得できるか知りたいです」

彼の上司は新卒採用の面接で女性を落として男性を通しているそうです。理由は「女性は結婚しちゃうからね」。彼は夫婦で仕事の話をすることが多く「女性の考えも仕事に生かされる方がいい」と考えているため、上司には「ちゃんと女性も採用して下さいよ」と言っているそうです。

「なかなか変わらないんですよね…」と言う彼に「そうやって働きかけを続けることに意味があると思うから、続けて下さい」と話しました。

今どき「女性は結婚で辞めちゃうから」と男性を採用する人がいることに驚きますが、みなさんの周囲にこういう人はいませんか。この企業は都心の一等地に本社を構えるそれなりの規模の組織です。医大入試の女子受験生差別が発覚し、社会が性差別に敏感になってきたにもかかわらず、こういう考えや行動は残っているのです。

組織で長く働いている人は、こんな話を聞いたことがありませんか。

「試験だと女性の方が優秀なんだけど、男性は後伸びするから」

これが差別だと気づいていない人が、たくさんいます。

また、昇進昇格の際、意識せずに「男性の候補者」を優先したことはありませんか。それは、なぜでしょうか。

人事が部署内の相対評価になっている時、子育てや介護など家族のケア責任を担っている人を、そのパフォーマンスを問わず「下げた」ことはありませんか。それは、なぜでしょうか。

このような意思決定は、今ではジェンダーに基づく無意識の偏見や性差別だ、とみなされます。みなさんはそれを「仕方ない」と思っているかもしれませんが、部下たちは「直した方がいい」と思っているかもしれません。

## 性別以上に大きい世代間の意識格差

この問題は男性と女性の対立ではなくなっています。より良い仕事をするため、性別に関わりなく採用や登用をした方がいいと思っている人と、これまで通り、何となく男性を優先する人と。自分の判断にバイアスがかかっているかどうか、一度、10歳、20歳年下の部下の話に耳を傾けてみて下さい。

「あなたなら、どちらを採用する？　その理由は？」と聞いてみたら、自分の偏見に気づくかもしれません。

2020年7月、一橋大学商学部でジェンダーとマーケティングについて講義をした時のことです。ジェンダーの観点からSNSで批判を集め「炎上」した広告を学生に見てもらい、どこが問題だったのか、どう修正したらいいか考えてもらいました。

講義終了後に見ていた、400近い感想コメントの中に、このような意見がありました。

「ジェンダー問題と言われても大きくニュースで取り上げられるのは女性が差別を受けたときがほとんどのように感じていました。（中略）また男性目線でどっかの企業が女性蔑視的な発言などをしちゃったのねという具合に、もはや関心も持てなくなっていました。

同じ男性の立場にしても、どうせ50〜60代男性のいわゆる老害と呼ばれるような方々がやらかしたのであって、自分たちとは別の世界の話だと思って、いつもニュースを見ていました。

しかし、講義を聞いてみると平日の昼に男性が子どもを連れているだけでも偏見の目で見られたり、（中略）ジェンダー問題は意外に身近な問題なのだと思えました。あとは統計的問題が一番大きな問題なのではないかと思いました」

「同じ男性の立場にしても」と書いてありますから、男子学生なのでしょう。もともと、ジェンダー問題＝女性問題と考えあまり関心が持てず、かつ、問題を起こすのは50代60代と思っていた、と言います。

講義で課題として出したのは、ある大企業のＴｗｉｔｔｅｒと動画の広告、そして洋画を日本国内で配給する際に生じるジェンダー・バイアスに関するものでした。ジェンダー問題をメインテーマとする海外の映画を日本で配給する際、日本語のタイトルやポスターのビジュアルが、穏やかな内容に変わっていることがよくあります。ここには、女性が怒ったり闘ったりするのは望ましくない、という日本の映画会社のジェンダー・バイアスが表れています。

この学生は、全ての課題に的確に答えたうえで、それぞれの事例について、どのような変更を加えれば消費者にとって分かりやすく伝わり、かつバイアスを排除できるか提案まで記しています。非常に優秀で、すぐにでも仕事ができると思います。

マーケティングを専門とする担当教授に尋ねたところ、講義では性役割、つまりジェンダーに関する解説をしているそうです。私が大学生の頃は社会学の一領域として扱われていましたが、経営学の授業でもジェンダーを扱うようになったのは時代の大きな変化です。

また、多くの学生が、過去の炎上事例を見て、炎上そのものに共感するかどうかは別として、何が問題だったのか、的確に見抜いて言語化していました。

いくつかの大学でジェンダーとメディア、広告、マーケティングといった切り口で講演をしてみると、総じて私の世代（40代半ば）より、性別役割意識について敏感であり「決めつけ」には違和感を抱いていることが分かります。

## 日本の雇用主は女性を差別してきた

ジェンダーの問題に関心を持つ方には、女性差別の歴史について知ってほしいと思います。最近では悪意のない「無意識のバイアス」という概念が注目を集めており、講演などで解説する機会があります。

その一方で「無意識」と呼ぶのは不適切な「差別」の事実や歴史があります。男女雇用機会均等法ができるまで、日本の雇用主は女性をあからさまに差別してきました。かつて、ある女性大臣にインタビューをしたことがあります。彼女は東京大学法学部を卒業した弁護士で、私はこんな質問をしました。

「どうして弁護士になったのですか？」

社会正義の実現というような答えを予想していた私は予想外の答えに驚きました。

「女性を採用する企業がなかったからです」

1980年代に学生だった彼女が大学の就職課で求人票を見ると「男子のみ」と記されていたそうです。

「自分が深い穴に落ちていくような気がしました。必要とされていない、という感覚です」

そこで性別に関わりなく仕事ができる資格職として弁護士を目指し、司法試験に合格し、後に選挙に出て国会議員となり、大臣まで務めたというわけです。

多くの日本企業が採用差別で女性を採らない中、彼女やそれより上の世代の女性たちは、極めて狭い門から公務員や教員、外資系企業そして数少ない女性を採用している日系企業に入っていったのです。

私自身は、男女雇用機会均等法や育児介護休業法ができた後に大学を卒業しました。幸い、就職先は、男女で同じ待遇でしたし、出産後に仕事を続けることもできました。これは幸運な時代に生まれたから、だと思っています。

私より何倍も何十倍も優秀な女性たちが、10年、20年早く生まれたというだけの理由で、同じ大学を出ているのに就職先すらなかったり、男性の補助的な仕事しか与えられなかったりしたのです。

幸い、私自身は明示的な性差別を受けた経験は少ないのですが、今でも忘れられない出来事があります。

24年前、私が大学4年生だった時、就職説明会である企業に「女性は事務職です」と言われたことがあります。「男性は企画か営業です」と話す人事担当者に、私は挙手をして質問をしました。「もし、女性が営業や企画を希望したら、どうなりますか?」。

自分は受験勉強を一生懸命にやって第一志望校に受かり、男子学生と一緒に学んできました。在籍していた大学は「就職が良い」と言われていたので、男子と違う職種にされる理由が分からない。私としては当然の質問でした。

するとその人は「女性は事務職です」と繰り返しました。その時、まだ就職内定をひとつも取っていなかった私は、仕方なくその企業の説明会を最後まで聞き、筆記テストを受けました。テスト用紙に記入しながら吐き気がこみあげてきたことを覚えています。これは人が不当な差別に直面した時の拒否反応だったと思います。

幸い、私は別の企業に就職しました。そこで男性と同じように長時間働き、成果が出なければ厳しいことを言われました。出張にも行きましたし、給料もボーナスも同期男性と変わりませんでした。

就職した先の企業から内定連絡を受けた日は「女性は事務職です」企業の面接日でした。面接を断るために電話をかけた場所は渋谷駅から少し歩いた神泉に近い交差点裏の公衆電話でした。自分を「女」として扱う企業の面接を断り「人間」として扱う企業で働くことが決まった時、私の人生の方向性が決まったと思います。

もし最初の就職先が性別で職種や給与を分ける企業だったら、私は今、仕事を続けていなかったかもしれません。

私と同世代や前後の世代の人たちは、同じような現実を見てきたはずです。今、管理職や経営者の人は、過去の性差別的マネジメントの結果、多くの女性が職場を離れたことを忘れないでほしいと思います。

なぜ、リーダーのポジションに女性が少ないのか。なぜ、管理職年次の女性が少ないのか。それは、女性のやる気以前の問題です。そもそも、四半世紀前、多くの企業は管理職候補として女性を採用していなかったのですから。

続いて、家庭や地域でできることを考えます。

## 親ができること

もし、あなたに子どもがいたら、あなたの言葉や行動は大きな影響を与えます。お子さんの性別がどうであれ、平等に扱うこと、性別より個性を見るように心がけてみて下さい。

また、家庭の中では男の子と女の子を分け隔てなく接しているとしても、社会には、まだ、ジェンダーに基づく偏見が残っています。そういうものに触れた時は、お子さんたちと「これはおかしいよね」と話してみることが大切です。

例えば学校で起きたこと、もらってくる配布物、新聞やテレビ、インターネットで接するニュース。友達との会話。日常生活の中でジェンダーに基づく「決めつけ」に遭遇し、お子さんが違和感を覚えることがあるかもしれません。そういう時は、何が気になるか、何が嫌なのか、耳を傾けて下さい。

完璧な社会はありません。家庭内でジェンダー平等を実践していても、一歩外に出ると「男らしさ」「女らしさ」を押し付けられている、と感じることは、まだまだたくさんあるでしょう。

子どもは結構強いので、もし、親を信頼していたら「こういうことがあった。おかしいと思った」と自分の意見を伝えるはずです。

また、子どもを持つ親のみなさんに、特にお伝えしたいのはお子さんの性自認と性的指向を受け入れることです。これはSexual Orientation（性的指向）とGender Identity（性自認）の頭文字を取ってＳＯＧＩ《ソジ》というキーワードで呼ばれます。性的少数者のことをＬＧＢＴ（レズビアン、ゲイ、バイセクシャル、トランスジェンダー）と呼ぶこともあります。

都内には道徳の時間にＬＧＢＴについて学んでいる公立中学校もあります。なぜなら、自分の性別や好意を持つ相手を意識する思春期に「自分は人と違う」と思って悩む人が多いからです。新潟県のある公立中学校には、保健室に関連の本を置いています。「何となく調子が悪い」と保健室を訪れる生徒の中に、自分の性自認や性的指向を人に打ち明けられない人がいるためです。

都内では「東京レインボープライド」という、性的少数者の存在を社会に発信し「〝性〟と〝生〟の多様性」を伝えるイベントが毎年開かれています。２０２０年は新型コロナウイルスの感染拡大防止のためオンライン開催となりましたが、ウェブサイトを見ると、当事者、応援する人や組織のメッセージがたくさん寄せられていることが分かります。各国大使館、地方自治体、企業、政治家のコメントもあります。

もし、ＬＧＢＴについて知りたい、初めてこの言葉を見たという方がいたら、東京レインボープライドのサイトをご覧になってみることをお勧めします。また、ご自身やお子さんの関心と近い団体のサイトを見たり、イベントに参加してみたりするといいでしょう。

読書を通じて性自認と性的指向について知ることもできます。私自身はシスジェンダー女性で異性愛ですから「ジェンダー問題」のすべてを理解できているわけではなく、やはり限界があると思います。

最近、私が読んでとても勉強になった本が『ＬＧＢＴとハラスメント』です。著者はふたりで、神谷悠一さんと松岡宗嗣さん。神谷さんはＬＧＢＴ当事者・支援者の連合体「ＬＧＢＴ法連合会」の事務局長、松岡さんはライターとして性的少数者に関する様々な記事を執筆し、講演などを行っています。

この本には当事者の目線や様々な事例を紹介しながら、何がハラスメントになるのか、様々な自治体の条例や取り組み、人事や法律制度が記されています。

家族という立場からは何がハラスメントになるのか、22のよくある事例に基づいて書かれた前半部分が特に参考になります。例えば「ＬＧＢＴではない＝普通」と言ってしまう、「何がＮＧワードか」だけを気にすることの問題についても、本書では理由も含めて丁寧に解説しています。

## 母親は息子を甘やかしてはいけない

家庭における無意識バイアスの大きな問題は「勉強ができる息子」を甘やかしがちなことです。特に娘と比較して、息子には家事をやらせない傾向について、母親に強く意識してほしいと思います。

これは、我が家で実際に起きたことです。

ある朝、いつものように登校時刻15〜20分前、ギリギリに起きてきた息子が、朝食を食べ終えると言いました。

「これ、下げるの？」

彼が朝食で使った食器は平皿2枚、深皿1枚とコップがひとつ。それに、こぼれたところをふいて丸めたティッシュがふたつほど。食卓から台所の流しまで10歩もありません。

「あなたがやらなかったら、誰がやるの？」と尋ねると「誰かが…」と言って笑っています。我が家は核家族で今は家事外注をしていません。

「誰か、というのは、ママだよね。見たら分かるよね。ママは召使ではないから、自分で下げなさい」と言うと「えー、時間が…」と渋るので珍しく説教しました。
「自分の身の回りのことを他人にやらせて当たり前だと思っていること、これこそがジェンダーの問題です。ジェンダーっていう言葉は知っているでしょう。知っているだけじゃ意味ないから。ちゃんと行動しなさい。ママが何と闘っているのか、分からないの？」

これまで書いてきたように、ジェンダーという言葉は社会学の一分野を超えて、学生が知る機会が増えています。SDGsやG20首脳宣言でも扱われるようになり、ビジネスの分野でも話題に上るようになりました。

ただし、言葉を知っているだけでは意味がない、と私は思います。時代の変化に敏感な人、高等教育を受けた人なら「女性も活躍した方がいい」と建前を言う時代です。大事なのは実現に向けて個人がどんな行動をするか、です。

今の日本社会にあるジェンダー格差を問題だと思うなら、母親は家で息子を甘やかしてはいけません。特に、勉強ができる息子に対して「あなたは勉強に集中して。ママが他のことはやるから」という態度はよくないと私は思います。学ぶ環境づくりをしたり、応援することは大切ですが、最低限の身の回りのことは、子どもの性別に関わらず、できるように育てた方がいいでしょう。

私自身は会社員をしながら子育てしていた時期、忙しすぎて子どもに家事を教えるのが面倒で、夫とふたりで何でも片づけてしまった時期がありました。これではいけない、と反省して、できることを少しずつやらせるようにしています。

## 親族の不用意なひと言にノーを言うのは父親の役割

今は過渡期でジェンダー平等な育児を実践したいと思う人と、無意識のうちに伝統的な価値観を見せてしまう人が混じり合っています。その中でも難しい悩みが親族関係でしょう。

第7章でも書きましたが「子どもは男の子がいい」と出産前後の母親に言う、とんでもない人も、珍しくありません。孫に「○○ちゃんは女の子だから～」と女の子らしいおもちゃや服を選んで買ってくれる祖父母に困っている、という話も聞きます。

いろいろな親の話を聞いていると、自分ではなく配偶者の両親から言われる余計なひと言に困っている人が多いようです。自分の親なら「やめてよ」と言えますが、相手の親には言いにくいからです。

子どもの性別を云々《うんぬん》するようなことを、実家の親が言ったら「そんなことは言わないでほしい」ときっぱり拒絶してほしいです。特に父親は自分の親がそのようなことを言ったら、自分が作った家庭を守ってほしいです。

ここで「守る」というのは、お金を稼いで家族を養うことではありません。配偶者が言われたくないことを言われる不当なプレッシャーから「守る」ということです。もし、あなたの親が、あなたの妻に「男の子を生んでほしい」と言うことを「おかしい」と思わないとしたら、それはあなたの感覚が時代からずれています。たとえ妻が何も言わないとしても、深く傷ついている可能性が高いですし、いつまでも我慢してくれることはないでしょう。

今の時代、よほどの旧家や資産家ならともかく「○○家の嫁」などという概念はなくなってきています。そんなもので縛ろうとしたら「お嫁さん」から嫌がられ、いずれ疎遠になってしまいます。熟年離婚の中には、夫実家の過干渉を長年我慢してきて、耐えかねた妻から切り出される、というものがあります。

そして、実家と話をする際、大切なのは「妻が嫌がっているからやめてほしい」ではなく「僕はそういう風に言ってほしくない」「孫が男の子でも女の子でも、歓迎してほしい」と、それをあなた自身の意思として伝えることです。育ててくれた親にダメ出しをするのは、気が引けるかもしれませんが、何が自分にとって一番大切なのか、よく考えてみて下さい。優柔不断な態度を取ると、20年後に自分が家族を失うリスクがあります。

## 昭和の時代とは大きく変わっている学校

子どもが都内の公立小学校に上がって気づいたのは、今の学校も教科書も先生も、昔とは違うということです。少なくとも、私が神奈川県の小学生だった昭和の頃とは全然違います。

例えば、私が小学生の頃は「治部!」と姓を呼び捨てにされることが多かったのですが、今、うちの子どもたちは「○○くん/○○さん」と姓に「くん/さん付け」で呼ばれます。低学年の頃は下の名前に「くん/さん付け」のこともあり、保育園や幼稚園とつながっている感じがありました。

名簿は上の子が小学6年生、下の子が3年生に上がった年から男女混合になりました。都内の他地域や他県と比べると遅い変化ですが、子ども、特に娘が気にしていたので変更を嬉しく思いました。

月に1回、土曜日に学校公開と授業参観があるため、様子を見に行くと、昔と比べて男女差のないコミュニケーションをしていると感じます。教科書の表現は、たまに気になることもありますが、イラストは男の子と女の子が同じくらいの頻度で登場し、様々な髪型、服装をしていて多様性を意識していることが伝わってきます。また、特定の動作（スポーツ競技など）と性別を結び付けない配慮からか、低学年の教科書で動物イラストを使ったものもありました。

息子が小学4年生の時、保健の先生から第二次性徴について習い、男女の身体の違いについて知ったそうです。その際、先生が「男女の身体は違うけれど、男の子はこの色じゃなきゃダメとか、女の子はこの色とか決めつけるのはよくない」ということも伝えてくれたそうです。

身体の違いは生物的なものですが、どんな色を好むかは社会的な要素も入ってきます。

「男らしさ、女らしさの決めつけはしない」と学校で教えてくれる時代になったのか、と心強く思いました。

ある時、中学校の様子が気になって、地域のバザー準備を手伝いに行った際、知り合いの保護者に尋ねてみました。「○○中学校って校則とかは厳しいですか？」「先生はどんな感じですか？」と聞いてみると「校則は全然厳しくない」「うちは男の子で髪が長かったら『結んでください』と言われたから結んだら、隣の女の子と同じ髪型になった」「道徳の授業は担当の先生の判断でＬＧＢＴに関することをよく扱っている」と聞きました。

私の周りはこんな感じで、小学校のＰＴＡ会長は非常にしっかりしたあるお母さんが務めています。

## 次世代のためにできること

地域による違いもあるでしょうし、先生の一存でカリキュラムを変えることはできません。それでも、子どもを指名する時に男女交互に当てたり「らしさ」を押し付けないようにと話したりすることは、個人の工夫で可能でしょう。子どもは先生の話をよく聞いており、社会を考える際の参考にしています。

男性の先生たちが「子どもが熱を出したから」とお休みをしたり「赤ちゃんをこういう風に抱っこした」と話してくれることで、自然と「お父さんも育児をする」という発想が根付きます。

振り返ってみると、私も大学時代に男性教授から聞いた話が、20年後の育児に役立っています。通った大学は語学以外の大半の講義が男性教授でした。刑法のゼミに入り卒業論文を書いたのですが、担当教授の話で一番印象に残っているのは「子どもを無条件で愛することの大切さ」。

彼が繰り返し話していたのは「おぎゃあと生まれた時から犯罪者という人間はひとりもいない」ということでした。そして「一体、世の中のどんな親が、この子を犯罪者にしてやろう、などと思うでしょうか」と言うのです。

そして「ありのままの自分を受け入れて、あなたはそのままでいい、大切だよ、と言われる体験をしていたら、犯罪者になるでしょうか」と繰り返し、繰り返し聞かされました。

教授自身がお子さんと関わる中で、反抗されたこと、子どもの自己決定を尊重しなくてはいけないと自分が反省したことを講義やゼミで何度も話してくれました。

私は自分の子どもが学齢期を迎え、やりたいこと、やりたくないことがはっきりしてくるにつれて、よくこの教授の話を思い出します。花嫁修業をする気など全く持たずに入った大学の法学部で思いがけず「子育ての基本を教えてもらった」ことは貴重な体験でした。主要なポストを男性が占めている大学に通いながら「育児は女性の仕事」とは考えずに私が今まで生きてきたのには、こういうゼミの雰囲気が影響していたかもしれません。

このように、様々な立場でできることはあります。今、あなたを取り巻く環境は理想とは遠いかもしれませんが、次世代のために出来ることを何かひとつでもやってみて下さい。

# おわりに

最後まで読んでいただき、ありがとうございました。

本書が日常生活の中で、また仕事や学びの中で何気なく出てくる「男だから、女だから」という無意識の決めつけを見直すきっかけになれば、と思います。また、自分と違う価値観を持って生きる身近な人を理解する手助けになれば嬉しいです。

それぞれの章は過去に次の媒体に書いた原稿に加筆修正したり、その内容を参照したりしています。第1章は、朝日新聞出版『Journalism』、第2章は『外交』、第4章はYahoo!ニュース個人と朝日新聞「あすを探る」、第7章は東洋経済オンラインに書いた原稿を一部使用し、加筆修正しています。お世話になった編集者の方々にお礼申し上げます。

誰しも、他人の過ちを指摘するのは簡単ですが、自分自身が持っているジェンダーに基づく決めつけ、思い込みに気づき、直していくことは難しいです。気づきを与えてくれるのは、心から信頼している人の発言や指摘であることが多いです。私の場合、小学生の息子・娘との会話が自分のバイアスに気づく貴重な時間になっています。

年を取るにつれて「それは違うんじゃない？」とストレートに指摘してくれる人は減っていきます。家族、親戚、友人から「間違いを指摘してもらえる状態」を作ることが、バイアスを除くいちばん良い方法だと思います。

本書を作ったきっかけは、小学館の小川美奈子さんから「地域とジェンダー」について書いてみませんか、とお誘いを受けたことでした。第4章で記した兵庫県豊岡市のジェンダー・ギャップ解消の取り組みについて、所属する昭和女子大学の公開講座で話した際、小川さんが聞きに来て下さったのです。

人口減少を止め、若者を取り戻すには女性差別、男尊女卑をやめなくてはいけない——。反発を受けることもありそうな、けれども日本の課題を根本的に解決するために絶対必要だ、と思って話したことを小川さんが、正面から受け止めて下さり、嬉しかったです。

私は進学や就職、就労において「女性であること」が不利にはたらいた世代ですが、46歳の今まで23年間も仕事を続けることができました。支えてくれた家族や学生時代の先生たち、そして会社員時代の上司や先輩方に感謝します。

治部れんげ

２０２０年８月

図表作成：西之園あゆみ、albireo
校閲：玄冬書林

## 治部れんげ［じぶ・れんげ］

東京工業大学リベラルアーツ研究教育院准教授。日経BP社にて経済記者を16年間務める。ミシガン大学フルブライト客員研究員などを経て2021年4月より現職。ジェンダー関連の公職に内閣府男女共同参画計画実行・監視専門調査会委員、東京都男女平等参画審議会委員、豊島区男女共同参画推進協議会会長など。

一橋大学法学部卒、同大学経営学修士課程修了。

著書に『稼ぐ妻育てる夫：夫婦の戦略的役割交換』（勁草書房）、『炎上しない企業情報発信：ジェンダーはビジネスの新教養である』（日本経済新聞出版社）、『ジェンダーで見るヒットドラマ―韓国、日本、アメリカ、欧州』（光文社）、『きめつけないで！「女らしさ」「男らしさ」：みんなを自由にするジェンダー平等』1～3巻（汐文社）など。



# 「男女格差後進国」の衝撃
## 無意識のジェンダー・バイアスを克服する

二〇二〇年　十月六日　初版第一刷発行
二〇二三年　十月十五日　第三刷発行

著者　治部れんげ
発行人　下山明子
発行所　株式会社小学館
〒一〇一‐八〇〇一　東京都千代田区一ツ橋二ノ三ノ一
電話　編集：〇三‐三二三〇‐五一一二
販売：〇三‐五二八一‐三五五五
印刷・製本　中央精版印刷株式会社




Printed in Japan ISBN978-4-09-825380-7